LA RÉVOLUTION NATIONALE

LA RÉVOLUTION NATIONALE

NATIONALE

Quand le Maréchal parle aux Français !

Discours recueillis par Sébastien Ferreira

Préface d'Adrien Abauzit

Reconquista Press

ISBN : 978-1-912853-19-9

Au maréchal Pétain.
À Hubert Massol.

PRÉFACE

Une préface peut avoir mille et un objets. Pour le recueil de discours du maréchal Pétain établi par Sébastien Ferreira, j'ai choisi de suggérer au lecteur, pardon pour la répétition, une grille de lecture.

Le gouvernement du maréchal Pétain est actuellement le dernier gouvernement de droite de l'histoire de France, car il est le dernier à avoir rompu avec la Révolution. Le principal intérêt des discours du Maréchal, pour les Français du XXIe siècle que nous sommes, réside précisément en ceci qu'ils illustrent cette rupture.

Par les nombreuses mises en cause de l'individualisme, l'appel à une société de devoirs et d'efforts, ou la réforme de l'éducation nationale, le maréchal Pétain indiquait que 1789 et ses fruits étaient jetés au vide-ordures. D'autres signes pourraient aussi le révéler, comme le corporatisme ou les éloges récurrents de la paysannerie, mais ceux précédemment cités me semblent plus significatifs.

Augustin Cochin a démontré que la Révolution française avait plongé les Français dans la servitude en détruisant les corps intermédiaires. Privés d'institutions les représentant, atomisés dans une société gangrenée par l'individualisme, les Français ont été condamnés à ne plus pouvoir influencer substantiellement le pouvoir.

Le lecteur découvrira que le Maréchal, à de nombreuses reprises, condamna l'individualisme, fruit des droits de l'homme :

– « *La vérité c'est que l'individu n'existe que par la famille, la société, la patrie, dont il reçoit, avec la vie, tous les moyens de vivre. [...] Les époques où l'individualisme a fait loi sont celles qui comptent le moins d'individualités véritables. Nous venons d'en faire la cruelle expérience.* »[1]

– « *Comprenez bien, mes jeunes amis, que cet individualisme dont nous nous vantions comme d'un privilège est à l'origine des maux dont nous avons failli périr. Nous voulons reconstruire, et la préface nécessaire à toute reconstruction, c'est d'éliminer l'individualisme destructeur, destructeur de la Famille dont il brise ou relâche les liens, destructeur du Travail, à l'encontre duquel il proclame le droit à la paresse, destructeur de la Patrie dont il ébranle la cohésion quand il n'en dissout pas l'unité.*

Seul le don de soi donne son sens à la vie individuelle en la rattachant à quelque chose qui la dépasse, qui l'élargit et la magnifie. »[2]

– « *L'individualisme reçoit tout de la société et ne lui rend rien. Il joue vis-à-vis d'elle un rôle de parasite. [...]*

La nature ne crée pas la société à partir des individus, elle crée les individus à partir de la société, comme l'a démontré la sociologie moderne.

L'individu, s'il prétend se détacher de la société maternelle et nourricière, se dessèche et meurt sans porter fruit. »[3]

– « *Je vous ai indiqué que, tirant la leçon du passé, la Constitution doit avant tout restaurer, dans tous les domaines, l'autorité et la hiérarchie.*

---

[1] Discours du 15 août 1940.
[2] Discours du 29 décembre 1940.
[3] Discours du 1er janvier 1941.

Elle doit, d'autre part, réagir contre l'individualisme en s'attachant à organiser et articuler les éléments sociaux composant la nation sous le triple signe de la Famille, du Travail et de la Patrie. »[4]

Sitôt la République des Lumières restaurée par la Révolution de 1944, cette critique de l'individualisme sera bien entendu abandonnée. Mai 68 n'est pas le fruit du hasard. J'affirme qu'il ne se serait pas produit si le gouvernement du Maréchal avait pu bâtir des institutions durables.[5]

D'ailleurs, Pétain avait mis en garde les Français contre un goût de la revendication déconnecté des valeurs de l'effort et du devoir :

– *« Cultivez en vous le sens et l'amour de l'effort, c'est une part essentielle de la dignité de l'homme, et de son efficacité. »*[6]

– *« Demain, nous remporterons une première victoire : nous remplacerons la critique par l'effort. »*[7]

– *« À la régénération de la France, il faut la base du devoir, d'un devoir librement consenti et courageusement accompli. »*[8]

– *« Le premier consiste à remplacer le "peuple souverain" exerçant des droits absolus, dans l'irresponsabilité totale, par un peuple dont les droits dérivent de ses devoirs. »*[9]

– *« Le citoyen français de 1942 a beaucoup plus de devoirs que de droits. Il ne possède même de droits véritables que dans la mesure nécessaire à l'accomplissement de ses devoirs essentiels. Ces devoirs*

---

[4] Discours du 14 octobre 1941.
[5] Et s'il n'y avait pas eu Vatican II…
[6] Discours du 29 décembre 1940.
[7] Discours du 31 décembre 1940.
[8] Discours du 1er janvier 1941.
[9] Discours du 8 juillet 1941.

*sont ceux que lui impose la triple communauté familiale, profession-
nelle et nationale, auxquels le légionnaire ne peut se soustraire s'il
veut se classer parmi les bons citoyens.* »[10]

– « *J'ai souffert, bien souvent, en constatant qu'au lendemain de
la défaite, trop de Français n'avaient point su s'élever à la hauteur
de leurs devoirs.* »[11]

Nous pouvons observer que loin de caresser l'opinion dans
le sens du poil, Pétain n'hésitait pas à mettre les Français face à
leur manquement.

Vincent Peillon a merveilleusement expliqué que l'éducation
nationale, en République, visait à arracher l'enfant à ses déter-
minismes culturels, spirituels, familiaux, etc. L'école que vou-
lait bâtir Pétain était l'opposé. Loin de rompre avec la famille,
cette école devait en être la continuité :

– « *Parmi les tâches qui s'imposent au gouvernement, il n'en est
pas de plus importante que la réforme de l'éducation nationale.*

*Il y avait à la base de notre système éducatif une illusion pro-
fonde : c'était de croire qu'il suffit d'instruire les esprits pour former
les cœurs et pour tremper les caractères. […] La discipline de l'école
doit épauler la discipline de la famille.* »[12]

– « *L'école française de demain enseignera avec le respect de la
personne humaine, la famille, la société, la patrie. Elle ne prétendra
plus à la neutralité. La vie n'est pas neutre ; elle consiste à prendre
parti hardiment. Il n'y a pas de neutralité possible entre le vrai et le
faux, entre le bien et le mal, entre la santé et la maladie, entre l'ordre
et le désordre, entre la France et l'anti-France.* »[13]

---

[10] Discours du 14 février 1942.
[11] Discours du 17 juin 1942.
[12] Discours du 15 août 1940.
[13] *Ibid.*

– « *L'école est le prolongement de la famille. Elle doit faire comprendre à l'enfant les bienfaits de l'ordre humain qui l'encadre et le soutient. Elle doit le rendre sensible à la beauté, à la grandeur, à la continuité de la patrie. Elle doit lui enseigner le respect des croyances morales et religieuses, en particulier de celles que la France professe depuis les origines de son existence nationale.* »[14]

De tout ceci ressort l'extraordinaire modernité du discours et de la politique du maréchal Pétain. Car qui ne voit pas que, pour se sauver, la France devra rompre avec la Révolution ? Qui ne voit pas qu'il est primordial de restaurer des corps intermédiaires et de sortir de la France de l'atomisation individualiste ? Qui ne voit pas que la surenchère de droits rend la société invivable ? Qui ne voit pas le mal que fait l'éducation nationale en inoculant dans les veines des jeunes Français la haine de leur pays ?

Pétain, dans ses critiques de la IIIe République, avait visé juste. Et puisque toutes les Républiques des Lumières ont la même essence, c'est-à-dire la Révolution, bien qu'ayant des mécanismes institutionnels différents, ces critiques valent tout autant pour la Ve République, dont le crime est d'avoir défiguré la France. À cet égard, l'accusation de trahison contre Pétain prête à rire lorsque l'on observe l'œuvre des dirigeants de la Ve République…

Pétain, c'était donc l'amorce de la contre-révolution. Le gouvernement de Vichy était loin d'être parfait, il était critiquable à de nombreux égards, mais il avait orienté son action dans la bonne direction. L'amiral Auphan l'a écrit il y a déjà longtemps : aux yeux du système, le véritable crime du Maréchal est d'avoir mis la Révolution KO au premier round. Sans cela, tout le reste lui aurait été pardonné.[15]

---

[14] Discours du 8 juillet 1941.
[15] Les polémiques sur la question juive n'ont émergé que dans les années 80, près de 40 ans après sa condamnation et sa diabolisation.

Il est capital de réhabiliter le maréchal Pétain, car avec lui, c'est la contre-révolution — remède à nos malheurs — qui est diabolisée et interdite aux Français.

Puisse ce recueil de discours permettre au lecteur de redécouvrir Philippe Pétain, pour qu'à son tour, face à nos contemporains intoxiqués, il puisse se faire son avocat.

Adrien Abauzit

P.S. : La formule « *magnifique exemple d'une foi intacte* »[16] que Pétain applique aux musulmans est hautement dispensable. Au sens véritable du terme, seuls les catholiques ont la foi.

---

[16] Discours du 23 février 1942.

AVANT-PROPOS

Quelle ne fut pas ma stupeur lorsque je découvris, le 13 novembre 2018, un article du *Monde* relatant les faits suivants :

La tombe du maréchal Pétain vandalisée à l'île d'Yeu

Selon la procureure des Sables-d'Olonne, cette tombe est vandalisée une à deux fois par an. Pour l'instant, l'enquête n'a mené à aucune piste.

La tombe du maréchal Pétain a été retrouvée vandalisée au matin du 11 novembre, a annoncé le parquet des Sables-d'Olonne mardi 13 novembre. Une enquête a été ouverte concernant ces dégradations, fréquentes contre la sépulture installée sur l'île d'Yeu au large de la Vendée.

Les dégâts — la croix arrachée et les mots « À mon père » tagués sur la tombe — « ont été constatés le 11 novembre au matin, donc on peut supposer que cela a eu lieu dans la nuit du 10 au 11 ou le 11 dans la matinée », a expliqué la procureure de la République des Sables-d'Olonne, Carine Halley.

Pour l'instant, l'enquête n'a mené à aucune piste et il est impossible d'établir un parallèle avec la polémique survenue durant les commémorations du centenaire de la guerre de 1914-1918 autour des propos tenus par Emmanuel Macron sur le maréchal Pétain. Le président français avait jugé « légitime » d'inclure le maréchal Pétain dans un hommage aux Invalides aux chefs militaires de la Grande Guerre, des propos qui avaient déclenché l'indignation de l'opposition.

Sur la tombe du maréchal Pétain à l'île d'Yeu, « il y a régulièrement des dégradations, qui peuvent prendre plusieurs types de formes, soit de la peinture, la croix souvent est cassée, soit des pots de fleurs ou des poubelles qui sont déversés », a expliqué Carine Halley. Selon elle, la tombe est dégradée une à deux fois par an, et ce « n'est pas forcément toujours lié à un événement historique particulier ». « Tout peut être interprété d'une manière ou d'une autre. Donc pour l'instant, il n'y a pas trop d'éléments et pas trop de pistes à exploiter » dans l'enquête en cours, a-t-elle précisé. Elle ajoute qu'il n'y a « pas d'élément particulier qui nous orienterait vers un auteur ».

Comment pouvait-on en arriver là ? L'être humain ne pouvait pas descendre plus bas dans l'ignominie, la honte et l'absurde.

J'avais été témoin, dans le passé, de nombreuses actions diligentées par l'extrême gauche, ayant moi-même fait partie de cette mouvance.

Le harcèlement, la diffamation, les menaces de mort étaient pour nous des pratiques courantes, jusqu'à échafauder le projet de taguer un cimetière juif pour faire accuser des militants d'extrême droite. Je me refusai toutefois catégoriquement à cette option car ce n'était pas l'idée que je me faisais de la politique et de l'honneur.

Cette idéologie nauséabonde ne m'a apporté que des malheurs, mais il serait hors de propos d'en rapporter le détail ici.

J'ai toujours, depuis mon enfance jusqu'à mes derniers instants de militant gauchiste, respecté et admiré le maréchal Pétain.

Imaginez-vous les inimitiés que je me suis faites dans le milieu de la bien-pensance ! Cette flamme ardente que représentait, pour moi, le sauveur de la France ne quitta jamais mon cœur. Par deux fois le Maréchal avait sauvé le pays, une première fois sur le champ de bataille de Verdun, une seconde lorsqu'il refusa de quitter la patrie lors de l'avancée et de la victoire allemandes. Il négocia alors un armistice, et non une capitulation, sauvant ainsi non seulement l'honneur des Français, qui s'étaient vaillamment battus, mais aussi la grandeur de la France. Nous avions perdu la guerre mais gagné la paix.

« *Je fais à la France le don de ma personne* », déclara-t-il le 17 juin 1940 alors qu'il annonçait aux Français la cessation des combats.

La suite… tout le monde la connaît : le régime de Vichy et la Révolution nationale, la défaite allemande qui précipita le monde dans l'ère que nous connaissons aujourd'hui, le jugement injuste dont fut victime le Maréchal, sa fin misérable sur l'île d'Yeu et sa mort, en 1951, à l'âge de 95 ans.

Revenons un instant en arrière. En 1933 Adolf Hitler arrive au pouvoir, en 1934 il ordonne la création des blindés que nous connaissons bien, les fameux panzers. En 1935 il instaure le service militaire obligatoire en Allemagne, en 1936 il occupe la Rhénanie et en 1938 réalise l'Anschluss.

La France n'est alors pas prête pour affronter cette machine de guerre qu'est l'Allemagne nazie. Le pays, en 1939, se tourne vers les soldats de la guerre de 14, en particulier le plus populaire d'entre eux, le maréchal Pétain. S'ils avaient été consultés par voie de référendum, les Français auraient sans aucun doute très largement plébiscité le Maréchal. Pourquoi tout un peuple, à commencer par les anciens combattants, attendait-il Philippe Pétain ? Pour la bonne et simple raison que celui-ci était le vainqueur de Verdun et le sauveur de la patrie.

Après la débâcle de 1940, le Maréchal voulut atténuer la souffrance des Français et signa l'armistice.

La République ayant avili la France depuis la Révolution française, Philippe Pétain décida de refaçonner le pays en instaurant la Révolution nationale, une politique énergique de redressement basée sur la fameuse devise « Travail, Famille, Patrie ». Il réinsuffla dans le cœur des Français les valeurs de la terre et du travail, le sens du devoir et l'esprit de sacrifice, la pérennisation de la race en privilégiant la famille et en inculquant aux enfants, dès leur plus jeune âge, l'amour de la patrie. Mais surtout il rouvrit la porte au catholicisme bafoué par la loi de laïcité de 1905. Ainsi redonna-t-il un but à son peuple, une raison de vivre et une envie d'exaltation de la patrie sous la protection de Dieu. Était-ce une mauvaise chose ? Je ne crois pas.

Le gouvernement de Vichy, en dépit de circonstances particulièrement difficiles, fut une grande réussite.

C'est en 1941 que tout bascula, quand les communistes décidèrent d'assassiner des Français qui collaboraient pour le bien et les intérêts de leurs compatriotes mais aussi des soldats allemands provoquant ainsi une guerre civile. De Gaulle lui-même condamna ces agissements et si l'on prend de la distance, il apparaît bien évident que tuer lâchement des Français et des Allemands dans la rue n'était pas un acte de résistance mais un acte de terrorisme car l'ennemi n'était pas le national-socialisme d'Hitler mais le communisme de Staline.

Ces Français communistes, honte de la patrie, étaient des gens de basse morale, dépourvus de tout scrupule.

Le maréchal Pétain épargna la déportation à la majorité des juifs de France jusqu'à l'invasion de la zone libre le 11 novembre 1942 puis se soumit sans complaisance à la pression allemande qui demandait toujours plus d'israélites. L'Histoire ne retiendra cependant pas cet acte de bravoure.

Le Maréchal protégea les Français du mieux qu'il put mais n'en recevra que des outrages lors de son procès en 1945.

Le problème qui se pose aujourd'hui est celui de l'inculture généralisée des jeunes générations car le pouvoir en place a fabriqué, depuis 1945, un Pétain d'une monstruosité accablante, en bref un Pétain qui n'a jamais existé. La seule évocation de son nom provoque des réactions passionnelles, voire hystériques, dépourvues de toute objectivité, ce qui, naturellement, fausse la donne.

Que reste-t-il de lui ? De sa Révolution nationale ? Pas grand-chose hélas. Le peuple français, croyant aveuglément les mensonges de la République déliquescente, ne sait plus ce dont il s'agit. Il n'y a qu'à l'interroger pour se rendre compte qu'on lui a mis des œillères et laver le cerveau ; les seuls mots répétés à satiété sont « collabo », « vendu », « traître » et « antisémite ».

La vérité est tout autre et c'est pourquoi je me suis adonné, dès la publication de l'article du *Monde*, à la recherche de la vérité. À l'heure de la politique de censure que nous subissons en France et de volonté de faire taire tout opposant à la bien-pensance, il était important pour moi de faire ressurgir la voix du Maréchal pour que lui-même nous explique sa vision de la France ! J'ai été profondément touché par la sincérité des mots et par l'amour inconditionnel que le Maréchal portait à son peuple et à son pays, à la tradition et à la terre de nos ancêtres, lui qui s'est battu inlassablement pour que vive la France, pour que son peuple soit sauvé du péril bolchevique et passe avant tous les autres, lui qui, malgré son grand âge, n'a pas hésité à tenir tête aux assauts effrénés des terroristes rouges.

Voici réunis, dans cet ouvrage, les discours et les messages les plus importants du maréchal Pétain prononcés pour les Français et pour la postérité. Lui qui disait à ses juges le 23 juillet 1945 : « *À votre jugement répondront celui de Dieu et celui de la postérité. Ils suffiront à ma conscience et à ma mémoire. Je m'en remets à la France.* »

Il fit effectivement le don de sa personne.

Maréchal, nous voilà !

Sébastien Ferreira

1935

17 novembre 1935

LA PAYSANNERIE FRANÇAISE

Discours prononcé lors de l'inauguration du monument
aux morts de Capoulet-et-Junac en Ariège

Lorsque le soir tombe sur les sillons ensemencés, qu'une à une les chaumières s'éclairent de feux incertains, le paysan, encore courbé par l'effort, jette un dernier regard sur son champ, comme s'il lui en coûtait de le quitter. Pourtant la journée a été dure. Tout au long d'heures monotones, sans autre compagnon que ses bêtes, qu'il encourage de temps en temps par des appels de la voix, il a silencieusement dirigé le soc de la charrue et creusé en plein sol des sillons parallèles. La tâche du jour est accomplie comme elle l'a été la veille et le sera le lendemain. Il la contemple avec satisfaction. À la même heure, des milliers de regards, emplis d'une saine fierté, se portent comme le sien sur un coin de terre, de vigne, de lande, exprimant l'amour et le respect des hommes de la terre pour le sol nourricier.

Aucune amertume dans ces regards. Cependant le labeur du paysan ne trouve pas toujours, comme celui de l'ouvrier, la récompense qu'il mérite, et cette récompense n'est jamais immédiate. Plusieurs mois séparent le labeur de la récolte, pendant lesquels il faut vivre d'espérances. Rien n'est certain aux champs. Le travail ne suffit pas. Il reste à protéger les fruits de la terre contre les caprices du temps, le gel, l'inondation, la grêle, la sécheresse, et contre ce fléau, aujourd'hui plus cruel que les autres : la mévente. Le citadin peut vivre au jour le jour, le cultivateur doit prévoir, calculer, lutter. Les déceptions n'ont aucune prise sur cet homme que dominent l'instinct du travail nécessaire et la passion du sol. Quoi qu'il arrive, il fait face, il tient.

De ce miracle chaque jour renouvelé est sortie la France, nation laborieuse, économe, attachée à la liberté. C'est le paysan qui l'a forgée par son héroïque patience, c'est lui qui assure son équilibre économique et spirituel. Le prodigieux développement des forces matérielles n'a pas changé la source des forces morales. Celles-ci marquent le cœur paysan d'une empreinte d'autant plus forte qu'il les puise à même le sol de la patrie.

L'obstination dans l'effort quotidien, la résistance physique, une prudence faite de prévisions à longue échéance et de décisions lentement mûries, la confiance raisonnée, le goût d'une vie rude et simple, telles sont les vertus dominantes de nos campagnards. Ces vertus qui soutiennent la nation aux heures de crise sont aussi celles qui font le vrai soldat.

Car dans cette fusion intime des origines, des caractères, des individus, qu'est une troupe, l'homme de la terre apporte un élément d'une valeur inappréciable : la solidité. Ceux qui ont eu l'honneur de le commander savent ce qu'on peut attendre de lui. Insensible aux excitations pernicieuses, il accomplit son devoir militaire avec la même assurance tranquille que son devoir de terrien. Il apprend méthodiquement et n'oublie pas ce qu'il a appris. Aimé de ses supérieurs, respecté de ses camarades, il suit son chef sans discuter et donne à ce chef la volonté d'entreprendre. Pendant la guerre, le citadin, plus instruit en général, a fourni les cadres. Plus technicien, l'ouvrier a alimenté la main-d'œuvre indispensable aux usines. Le paysan s'est battu dans le rang avec le sentiment profondément ancré en lui qu'il défendait sa terre. Les plus terribles épreuves n'ont pas entamé sa foi. Tant que l'ennemi a foulé le sol français, il a gardé la farouche résolution de le battre.

Aux heures les plus sombres, je tiens à le rappeler devant ce monument, c'est le regard paisible et décidé du paysan qui a soutenu ma confiance !

1938

20 novembre 1938

« REMETTONS EN HONNEUR LES FORCES SPIRITUELLES. »

Discours prononcé à Metz

Le 19 novembre 1918, nos troupes victorieuses entraient dans Metz. Imaginez-vous ce que pouvait être l'état d'âme des officiers, alors qu'ils défilaient dans les rues de votre vieille cité ? À cette question je puis vous répondre, moi qui ai vécu au milieu d'eux presque tout l'intervalle qui sépare les guerres de 1870 et de 1914.

Les jeunes gens qui entrèrent dans l'armée au cours de cette période de 44 ans étaient possédés du désir de s'instruire pour reprendre les provinces arrachées à la mère patrie. Cette devise : « ils s'instruisent pour vaincre », était inscrite sur le drapeau de Saint-Cyr. Votre ville a toujours été le symbole de la défense française contre les Germains. Elle avait la réputation d'être imprenable pour avoir un jour forcé les Impériaux à lever le siège de la place. On a souvent cité le mot de Vauban à Louis XIV : « Chacune des places de Votre Majesté défend une province, Metz défend l'État. » Mais plus que ces exemples anciens, ce qui, à tout instant, évoquait Metz dans l'esprit des officiers français, c'était le souvenir de nos défaites de 1870. La plus belle et la plus puissante armée française s'était laissée enfermer dans la place, sans que le chef qui la commandait eût opposé la moindre résistance. Quelques mois plus tard, cette armée, acculée à une honteuse capitulation, devait livrer sans combattre ses armes, ses drapeaux, ses hommes. Le nom de Metz, lié à la capitulation, se présentait à notre esprit comme une douleur obsédante dont nous voulions à tout prix nous débarrasser.

En cette journée du 19 novembre 1918, l'affreux cauchemar s'était évanoui. L'armée française reprenait possession avec ivresse de Metz reconquise. Du son des cloches, du claquement des drapeaux à nos couleurs, de la joie des âmes et des visages, il me reste l'image radieuse d'une victoire ailée qui se pose.

Notre bon droit avait triomphé, la justice immanente s'était prononcée. Des siècles de tranquillité, de bonheur allaient succéder aux affres de ces quatre dernières années. Ne croyait-on pas que l'on avait à jamais supprimé l'idée même de la guerre ? Après avoir relevé tout ce que les combats avaient détruit, les Français pourraient s'adonner en toute quiétude aux œuvres de civilisation et de progrès, et voir s'épanouir dans une ère de bonheur leurs enfants, qui n'auraient jamais plus à connaître les heures que nous avions vécues.

[...]

La raison première de notre déclin, c'est l'abandon de toute vie spirituelle dans le cadre de la nation, car ce sont les idées qui mènent le monde. La flamme qu'on ranime tous les soirs sous l'Arc de Triomphe, au chevet du soldat inconnu, ne serait-elle plus le symbole de la flamme spirituelle que l'on se doit d'allumer dans l'âme des enfants, d'entretenir dans les esprits et dans les cœurs des adolescents pour la voir briller dans les yeux des jeunes hommes lorsqu'arrive pour eux le jour d'agir utilement pour le pays ?

Certes, il convient de régler les questions matérielles ; il faut même apporter à leur ajustement un esprit pratique, éloigné de toute idéologie, et décidé de trouver aux difficultés des solutions réelles et non d'illusoires palliatifs verbaux. Mais il ne faut pas se laisser absorber uniquement par la matière au point de négliger la meilleure part, c'est-à-dire les plans supérieurs de la pensée et de la morale, les seuls qui donnent du prix à la vie et une âme à l'action.

Sans vouloir définir ici ce qu'il conviendrait de faire pour rendre aux Français la foi dans leur destin, et un ciment qui les unisse, on peut penser que leur premier souci pouvait être de favoriser et de consolider la famille, cette cellule indispensable à notre civilisation, et qui a pour objet, par une natalité augmentée, de perpétuer la race française. Et le deuxième but eût été d'organiser une éducation vraiment nationale, pour que l'âme des jeunes Français soit formée dans le cadre de la nation, au récit de notre histoire, dans l'amour de notre sol et de notre Empire.

Sur ces deux points essentiels, nous avons été en défaut. Combien de chefs de corps ai-je entendus se plaindre de recevoir des jeunes soldats dont un trop grand nombre étaient illettrés, ignoraient les rudiments les plus sommaires de notre histoire de la dernière guerre !

[...]

Remettons en honneur les forces spirituelles, j'entends par-là le respect de l'autorité et de la discipline, le goût du travail bien fait, le culte de l'art et, pour tous, le sentiment du devoir, c'est l'ensemble de ces vertus qui ont fait de tout temps la grandeur de la France.

Sans elles, le jeune Français risque d'être entraîné dans les luttes des partis qui déchirent le pays et peuvent le conduire à la ruine.

« Le simple titre de citoyen français, disait Napoléon, vaut bien sans doute celui de royaliste, de jacobin, de feuillant, et ces mille et une dénominations qu'enfante l'esprit de faction et qui, depuis dix ans, tendent à précipiter la nation dans un abîme d'où il est temps qu'elle soit tirée pour toujours. »

Au contraire, s'il est pénétré de l'esprit de devoir, le jeune Français pourra aborder la vie, dans le cadre du métier organisé, avec des conceptions et un idéal uniquement français.

Au 20e anniversaire de l'entrée des troupes françaises à Metz, formons le vœu que la France entière retrouve l'union et les qualités morales, qui lui ont valu sa victoire de 1918.

1940

13 juin 1940

REFUS DE QUITTER LA FRANCE
MÉTROPOLITAINE*

Il est impossible au gouvernement, sans émigrer, sans déserter, d'abandonner le territoire français. Le devoir du gouvernement est, quoi qu'il arrive, de rester dans le pays, sous peine de n'être plus reconnu comme tel. Priver la France de ses défenseurs naturels dans une période de désarroi général, c'est la livrer à l'ennemi, c'est tuer l'âme de la France ; c'est, par conséquent, rendre impossible sa renaissance. Je suis donc d'avis de ne pas abandonner le sol français et d'accepter la souffrance qui sera imposée à la patrie et à ses fils. La renaissance française sera le fruit de cette souffrance. Ainsi la question qui se pose en ce moment n'est pas de savoir si le gouvernement français demande ou ne demande pas l'armistice, elle est de savoir si le gouvernement français demande l'armistice ou s'il accepte de quitter la France métropolitaine. Je déclare, en ce qui me concerne, que, hors du gouvernement s'il le faut, je me refuserai à quitter le sol métropolitain. Je resterai parmi le peuple français pour partager ses peines et ses misères. L'armistice est à mes yeux la condition nécessaire de la pérennité de la France éternelle.

* Le Maréchal est vice-président du Conseil quand il fait cette déclaration en Conseil des ministres.

17 juin 1940

LA DEMANDE D'ARMISTICE

Français,

À l'appel de monsieur le président de la République, j'assume, à partir d'aujourd'hui, la direction du gouvernement de la France. Sûr de l'affection de notre admirable armée, qui lutte avec un héroïsme digne de ses longues traditions militaires contre un ennemi supérieur en nombre et en armes ; sûr que par sa magnifique résistance elle a rempli nos devoirs vis-à-vis de nos alliés ; sûr de l'appui des anciens combattants que j'ai eu la fierté de commander ; sûr de la confiance du peuple tout entier, je fais à la France le don de ma personne pour atténuer son malheur.

En ces heures douloureuses, je pense aux malheureux réfugiés qui, dans un dénuement extrême, sillonnent nos routes. Je leur exprime ma compassion et ma sollicitude. C'est le cœur serré que je vous dis aujourd'hui qu'il faut tenter de cesser le combat.

Je me suis adressé cette nuit à l'adversaire pour lui demander s'il est prêt à rechercher avec nous, entre soldats, après la lutte et dans l'honneur, les moyens de mettre un terme aux hostilités.

Que tous les Français se groupent autour du gouvernement que je préside pendant ces dures épreuves et fassent taire leur angoisse pour n'écouter que leur foi dans le destin de la patrie.

20 juin 1940

LES CAUSES DE LA DÉFAITE

Français,

J'ai demandé à nos adversaires de mettre fin aux hostilités. Le gouvernement a désigné mercredi les plénipotentiaires chargés de recueillir leurs conditions.

J'ai pris cette décision, dure au cœur d'un soldat, parce que la situation militaire l'imposait. Nous espérions résister sur la ligne de la Somme et de l'Aisne. Le général Weygand avait regroupé nos forces. Son nom seul présageait la victoire. Pourtant la ligne a cédé et la pression ennemie a contraint nos troupes à la retraite.

Dès le 13 juin, la demande d'armistice était inévitable.

Cet échec vous a surpris. Vous souvenant de 1914 et de 1918, vous en cherchez les raisons. Je vais vous les dire.

Le 1er mai 1917, nous avions encore 3 280 000 hommes aux armées, malgré trois ans de combats meurtriers. À la veille de la bataille actuelle, nous en avions 500 000 de moins. En mai 1918, nous avions 85 divisions britanniques ; en mai 1940, il n'y en avait que 10. En 1918, nous avions avec nous les 58 divisions italiennes et les 42 divisions américaines.

L'infériorité de notre matériel a été plus grande encore que celle de nos effectifs. L'aviation française a livré à un contre six ses combats.

Moins fort qu'il y a vingt-deux ans, nous avions aussi moins d'amis. Trop peu d'enfants, trop peu d'armes, trop peu d'alliés, voilà les causes de notre défaite.

Le peuple français ne conteste pas ses échecs. Tous les peuples ont connu tour à tour des succès et des revers. C'est par la manière dont ils réagissent qu'ils se montrent faibles ou grands.

Nous tirerons la leçon des batailles perdues. Depuis la victoire, l'esprit de jouissance l'a emporté sur l'esprit de sacrifice.

On a revendiqué plus qu'on a servi. On a voulu épargner l'effort ; on rencontre aujourd'hui le malheur.

J'ai été avec vous dans les jours glorieux. Chef du gouvernement, je suis et resterai avec vous dans les jours sombres. Soyez à mes côtés. Le combat reste le même. Il s'agit de la France, de son sol, de ses fils.

23 juin 1940

RÉPONSE À WINSTON CHURCHILL

Français,

Le gouvernement et le peuple français ont entendu hier, avec une stupeur attristée, les paroles de M. Churchill.

Nous comprenons l'angoisse qui les dicte. M. Churchill redoute pour son pays les maux qui accablent le nôtre depuis un mois.

Il n'est pourtant pas de circonstances où les Français puissent souffrir, sans protester, les leçons d'un ministre étranger. M. Churchill est juge des intérêts de son pays : il ne l'est pas des intérêts du nôtre. Il l'est encore moins de l'honneur français.

Notre drapeau reste sans tache. Notre armée s'est bravement et loyalement battue. Inférieure en armes et en nombre, elle a dû demander que cesse le combat. Elle l'a fait, je l'affirme, dans l'indépendance et dans la dignité.

Nul ne parviendra à diviser les Français au moment où leur pays souffre.

La France n'a ménagé ni son sang, ni ses efforts. Elle a conscience d'avoir mérité le respect du monde. Et c'est d'elle, d'abord, qu'elle attend le salut. Il faut que M. Churchill le sache. Notre foi en nous-mêmes n'a pas fléchi. Nous subissons une épreuve dure. Nous en avons surmonté d'autres. Nous savons que la patrie demeure intacte, tant que subsiste l'amour de ses enfants pour elle. Cet amour n'a jamais eu plus de ferveur.

La terre de France n'est pas moins riche de promesses que de gloire.

Il arrive qu'un paysan de chez nous voie son champ dévasté par la grêle. Il ne désespère pas de la moisson prochaine. Il creuse avec la même foi le même sillon pour le grain futur.

M. Churchill croit-il que les Français refusent à la France entière l'amour et la foi qu'ils accordent à la plus petite parcelle de leurs champs ?

Ils regardent bien en face leur présent et leur avenir.

Pour le présent, ils sont certains de montrer plus de grandeur en avouant leur défaite qu'en lui opposant des propos vains et des projets illusoires. Pour l'avenir, ils savent que leur destin est dans leur courage et dans leur persévérance.

25 juin 1940

LES DEUX ARMISTICES ET LEURS CONSÉQUENCES

Je m'adresse aujourd'hui à vous, Français de la Métropole et Français d'outre-mer, pour vous expliquer les motifs des deux armistices conclus, le premier, avec l'Allemagne, il y a trois jours, le second, hier, avec l'Italie.

Ce qu'il faut d'abord souligner, c'est l'illusion profonde que la France et ses Alliés se sont faite sur la véritable force militaire et sur l'efficacité de l'arme économique : liberté des mers, blocus, ressources dont ils pouvaient disposer. Pas plus aujourd'hui qu'hier, on ne gagne une guerre uniquement avec de l'or et des matières premières. La victoire dépend des effectifs, du matériel et des conditions de leur emploi. Les événements ont prouvé que l'Allemagne possédait en mai 1940, dans ce domaine, une écrasante supériorité à laquelle nous ne pouvions plus opposer, quand la bataille s'est engagée, que des mots d'encouragement et d'espoir.

La bataille des Flandres s'est terminée par la capitulation de l'armée belge en rase campagne et l'encerclement des divisions anglaises et françaises. Ces dernières se sont battues bravement. Elles formaient l'élite de notre armée ; malgré leur valeur, elles n'ont pu sauver une partie de leurs effectifs qu'en abandonnant leur matériel.

Une deuxième bataille s'est livrée sur l'Aisne et sur la Somme. Pour tenir cette ligne, soixante divisions françaises, sans fortifications, presque sans chars, ont lutté contre 150 divisions d'infanterie et 11 divisions cuirassées allemandes. L'ennemi, en quelques jours, a rompu notre dispositif, divisé nos troupes en quatre tronçons et envahi la majeure partie du sol français.

La guerre était déjà gagnée virtuellement par l'Allemagne lorsque l'Italie est entrée en campagne, créant contre la France un nouveau front en face duquel notre armée des Alpes a résisté.

L'exode des réfugiés a pris, dès lors, des proportions inouïes : dix millions de Français, rejoignant un million et demi de Belges, se sont précipités vers l'arrière de notre front, dans des conditions de désordre et de misère indescriptibles.

À partir du 15 juin, l'ennemi, franchissant la Loire, se répandait à son tour sur le reste de la France.

Devant une telle épreuve, la résistance armée devait cesser. Le gouvernement était acculé à l'une de ces deux décisions : soit demeurer sur place, soit prendre la mer. Il en a délibéré et s'est résolu à rester en France pour maintenir l'unité de notre peuple et le représenter en face de l'adversaire. Il a estimé qu'en de telles circonstances son devoir était d'obtenir un armistice acceptable en faisant appel chez l'adversaire au sens de l'honneur et de la raison.

L'armistice est conclu. Le combat a pris fin.

En ce jour de deuil national, ma pensée va à tous les morts, à tous ceux que la guerre a meurtris dans leur chair et dans leurs affections.

Leur sacrifice a maintenu haut et pur le drapeau de la France.

Ils demeurent dans nos mémoires et dans nos cœurs.

Les conditions auxquelles nous avons dû souscrire sont sévères.

Une grande partie de notre territoire va être temporairement occupée. Dans tout le Nord, et dans l'Ouest de notre pays, depuis le lac de Genève jusqu'à Tours, puis le long de la côte, de Tours aux Pyrénées, l'Allemagne tiendra garnison.

Nos armées devront être démobilisées, notre matériel remis à l'adversaire, nos fortifications rasées, notre flotte désarmée dans nos ports. En Méditerranée, des bases navales seront démilitarisées.

Du moins l'honneur est-il sauf. Nul ne fera usage de nos avions et de notre flotte. Nous gardons les unités terrestres et navales nécessaires au maintien de l'ordre dans la Métropole et dans nos colonies. Le gouvernement reste libre, la France ne sera administrée que par des Français.

Vous étiez prêts à continuer la lutte. Je le savais. La guerre était perdue dans la Métropole. Fallait-il la prolonger dans nos colonies ?

Je ne serais pas digne de rester à votre tête si j'avais accepté de répandre le sang français pour prolonger le rêve de quelques Français mal instruits des conditions de la lutte. Je n'ai voulu placer hors du sol de France, ni ma personne, ni mon espoir.

Je n'ai pas été moins soucieux de nos colonies que de la Métropole. L'armistice sauvegarde les liens qui l'unissent à elles. La France a le droit de compter sur leur loyauté.

C'est vers l'avenir que, désormais, nous devons tourner nos efforts. Un ordre nouveau commence.

Vous serez bientôt rendus à vos foyers. Certains auront à le reconstruire. Vous avez souffert. Vous souffrirez encore. Beaucoup d'entre vous ne retrouveront pas leur métier ou leur maison. Votre vie sera dure. Ce n'est pas moi qui vous bernerai par des paroles trompeuses. Je hais les mensonges qui vous ont fait tant de mal.

La terre, elle, ne ment pas. Elle demeure votre recours. Elle est la patrie elle-même. Un champ qui tombe en friche, c'est une portion de France qui meurt. Une jachère de nouveau emblavée, c'est une portion de France qui renaît.

N'espérez pas trop de l'État. Il ne peut donner que ce qu'il reçoit. Comptez, pour le présent, sur vous-mêmes et, pour l'avenir, sur les enfants que vous aurez élevés dans le sentiment du devoir.

Nous avons à restaurer la France. Montrez-la au monde qui l'observe, à l'adversaire qui l'occupe, dans tout son calme, tout son labeur et toute sa dignité.

Notre défaite est venue de nos relâchements. L'esprit de jouissance détruit ce que l'esprit de sacrifice a édifié.

C'est à un redressement intellectuel et moral que, d'abord, je vous convie.

Français, vous l'accomplirez et vous verrez, je vous le jure, une France neuve surgir de votre ferveur.

11 juillet 1940

L'ATTAQUE DE MERS EL-KÉBIR

Français,

L'Assemblée nationale m'a investi de pouvoirs étendus. J'ai à dire comment je les exercerai.

Le gouvernement doit faire face à une des situations les plus difficiles que la France ait connues. Il lui faut rétablir les communications du pays, rendre chacun à son foyer, à son travail, assurer le ravitaillement.

Il lui faut négocier et conclure la paix.

En ces derniers jours, une épreuve nouvelle a été infligée à la France. L'Angleterre, rompant une longue alliance, a attaqué à l'improviste et a détruit des navires français immobilisés dans nos ports et partiellement désarmés.

Rien ne laissait prévoir une telle agression. Rien ne la justifie.

Le gouvernement anglais a-t-il cru que nous accepterions de livrer à l'Allemagne et à l'Italie notre flotte de guerre ? S'il l'a cru, il s'est trompé. Mais il s'est trompé aussi quand il a pensé que, cédant à la menace, nous manquerions aux engagements pris à l'égard de nos adversaires. Ordre a été donné à la marine française de se défendre, et, malgré l'inégalité du combat, elle l'a exécuté avec résolution et vaillance.

La France, vaincue dans des combats héroïques, abandonnée hier, attaquée aujourd'hui par l'Angleterre à qui elle avait consenti de si nombreux et durs sacrifices, demeure seule en face de son destin. Elle y trouvera une raison nouvelle de tremper son courage, en conservant sa foi dans son avenir.

Pour accomplir la tâche immense qui nous incombe, j'ai besoin de votre confiance. Vos représentants me l'ont donnée en votre nom.

Ils ont voulu, comme vous et comme moi-même, que l'impuissance de l'État cesse de paralyser la nation.

J'ai constitué aussitôt un nouveau gouvernement.

Douze ministres se répartiront l'administration du pays.

Ils seront assistés par des secrétaires généraux qui dirigeront les principaux services de l'État.

Des gouverneurs seront placés à la tête des grandes provinces françaises.

Ainsi, l'administration sera à la fois concentrée et décentralisée.

Les fonctionnaires ne seront plus entravés dans leur action par des règlements trop étroits et par des contrôles trop nombreux. Ils seront plus libres ; ils agiront plus vite. Mais ils seront responsables de leurs fautes.

Afin de régler plus aisément certaines questions dont la réalisation présente un caractère d'urgence, le gouvernement se propose de siéger dans les territoires occupés.

Nous avons demandé, à cet effet, au gouvernement allemand, de libérer Versailles et le quartier des ministères à Paris.

Notre programme est de rendre à la France les forces qu'elle a perdues.

Elle ne les retrouvera qu'en suivant les règles simples qui ont, de tout temps, assuré la vie, la santé et la prospérité des nations.

Nous ferons une France organisée où la discipline des subordonnés réponde à l'autorité des chefs, dans la justice pour tous.

Dans tous les ordres, nous nous attacherons à créer des élites, à leur conférer le commandement, sans autre considération que celle de leurs capacités et de leurs mérites.

Le travail des Français est la ressource suprême de la patrie. Il doit être sacré. Le capitalisme international et le socialisme international qui l'ont exploité et dégradé font également partie de l'avant-guerre. Ils ont été d'autant plus funestes que, s'opposant l'un à l'autre en apparence, ils se ménageaient l'un et l'autre en secret. Nous ne souffrirons plus leur ténébreuse alliance. Nous supprimerons la dissension dans la Cité. Nous ne les admettrons pas à l'intérieur des usines et des fermes.

Pour notre société dévoyée, l'argent, trop souvent serviteur et instrument du mensonge, était un moyen de domination.

Nous ne renonçons ni au moteur puissant qu'est le profit, ni aux réserves que l'épargne accumule.

Mais la faveur ne distribuera plus de prébendes. Le gain restera la récompense du labeur et du risque. Dans la France refaite, l'argent ne sera que le salaire de l'effort.

Votre travail sera défendu. Votre famille aura le respect et la protection de la nation.

La France rajeunie veut que l'enfant remplisse vos cœurs de l'espoir qui vivifie et non plus de la crainte qui dessèche. Elle vous rendra, pour son éducation et son avenir, la confiance que vous aviez perdue.

Les familles françaises restent les dépositaires d'un long passé d'honneur. Elles ont le devoir de maintenir, à travers les générations, les antiques vertus qui font les peuples forts.

Les disciplines familiales seront sauvegardées.

Mais, nous le savons, la jeunesse moderne a besoin de vivre sa jeunesse, de prendre sa force au grand air, dans une fraternité salubre qui la prépare au combat de la vie. Nous y veillerons.

Ces vieilles traditions qu'il faut maintenir, ces jeunes ardeurs qui communieront dans un zèle nouveau, forment le fond de notre race.

Tous les Français fiers de la France, la France fière de chaque Français, tel est l'ordre que nous voulons instaurer.

Nous y consacrerons nos forces. Consacrez-y les vôtres.

La patrie peut assurer, embellir et justifier nos vies fragiles et chétives.

Donnons-nous à la France. Elle a toujours porté son peuple à la grandeur.

13 août 1940

LE REDRESSEMENT DE LA FRANCE

Français,

De faux amis qui sont souvent de vrais ennemis ont entrepris de vous persuader que le gouvernement de Vichy, comme ils disent, ne pense pas à vous, ne fait rien pour vous, ne se soucie ni des besoins communs à l'ensemble de la population française, ni de ceux qui concernent nos compatriotes les plus éprouvés.

Il me sera aisé de réfuter cette affirmation mensongère par des faits.

Je laisse de côté, pour le moment, les mesures, très nombreuses, que nous avons prises ou qui sont déjà envisagées pour rouvrir à la France meurtrie les portes de l'avenir : épuration de nos administrations, parmi lesquelles se sont glissés trop de Français de fraîche date ; répression de l'alcoolisme, qui était en train de détruire notre race ; encouragement à la famille, cellule essentielle de la société et de la patrie ; réforme de l'instruction publique, en vue de la ramener à sa fonction éducatrice et à son rôle national.

Il s'agit là de mesures à longue portée, dont les bienfaits ne deviendront sensibles qu'avec le temps.

Mais notre souci des réalisations à échéance lointaine ne nous fait pas négliger les problèmes qui nous prennent, en quelque sorte, à la gorge et qui appellent des solutions de toute urgence : ceux que posent en particulier le ravitaillement du pays, le rapatriement des réfugiés, le sort de nos prisonniers, l'emploi des démobilisés, l'organisation de la jeunesse.

Ces problèmes, j'en sais la gravité. Je puis mesurer, jour après jour, par les rapports qui me sont faits, par les lettres, par les visites que je reçois, l'immensité des souffrances infligées au peuple français et dont il n'est pas un foyer, en France occupée, comme en France libre, qui ne porte sa lourde part.

Ces souffrances, je les ressens profondément et je veux que tous les Français sachent bien que leur adoucissement est l'objet constant de mes pensées.

Je veux qu'ils sachent aussi que je comprends leur impatience, leur exaspération même devant l'insuffisance trop fréquente des remèdes apportés à leurs maux.

Mais que ces Français veuillent bien réfléchir avec moi, honnêtement, calmement, avec l'esprit de justice qui est si vivant en eux, aux difficultés sans précédent de notre tâche.

Parmi les épreuves qui pèsent sur nous, les unes ont un caractère de fatalité, ce sont celles qui proviennent de la guerre et de la défaite ; il ne dépend pas de nous d'en atténuer la rigueur.

D'autres ont leur source dans les mêmes causes qui ont conduit le pays au désastre, dans la démoralisation et la désorganisation qui, comme une gangrène, avaient envahi le corps de l'État en y introduisant la paresse et l'incompétence, parfois même le sabotage systématique aux fins de désordre social ou de révolution internationale.

Ces causes n'ont pas disparu avec le changement des institutions ; elles ne disparaîtront qu'avec le changement des hommes.

J'ai pu constater en mainte circonstance, avec une peine réelle, que les intentions du gouvernement étaient travesties et dénaturées par une propagande perfide et que des mesures mûrement réfléchies étaient empêchées de porter leurs fruits par l'inertie, l'incapacité ou la trahison d'un trop grand nombre d'agents d'exécution.

Ces défaillances, ces trahisons seront recherchées et sanctionnées.

La responsabilité des fonctionnaires ne sera plus un vain mot.

La révolution par en haut, comme on l'a appelée, descendra de proche en proche jusqu'aux assises mêmes de l'État et de la nation.

La France nouvelle réclame des serviteurs animés d'un esprit nouveau, elle les aura.

La première tâche du gouvernement est de procurer à tous, dans les mois qui vont venir, une alimentation suffisante. Or, l'arrêt du travail, les destructions résultant de la guerre, la paralysie des communications, l'exode d'une grande partie des populations agricoles avaient fait surgir, sur divers points du territoire, le spectre, qu'on croyait à jamais banni, de la hideuse famine. C'est pourquoi des mesures de rationnement ont dû être prises, afin que tous, pauvres et riches, aient leur juste part des ressources de la nation.

Nous avons voulu, en outre, préparer le retour le plus rapide possible de notre vie rurale à son rythme habituel. Et c'est ainsi que nous avons accordé de larges avances pour les réfections de bâtiments endommagés, un crédit de deux milliards aux agriculteurs dont le cheptel avait été totalement ou partiellement détruit, des distributions de semence en vue de cultures de complément.

Le repeuplement de certaines régions, la multiplication des exploitations familiales, la réalisation d'un équipement rural digne de notre peuple achèveront de relever les ruines que, dès longtemps avant la guerre, une opiniâtre et détestable politique avait accumulées sur notre sol.

Une autre tâche non moins urgente, c'était d'assurer la mise en route et le rapatriement de quatre millions de Français et de Belges, la rentrée de nos compatriotes dans leurs foyers, leur logement et leur ravitaillement jusqu'à ce qu'ils eussent retrouvé leurs conditions normales d'existence, enfin la réadaptation progressive, au point de vue économique, social et moral, des réfugiés qui ne pouvaient regagner leur domicile ou qui n'avaient pas retrouvé leur emploi.

Les dispositions prises ont déjà donné des résultats importants. Entre le 1er et le 10 août, un demi-million de réfugiés et de démobilisés ont été rapatriés sur les points les plus divers du territoire. Dans le même temps, plus de 50 000 voitures ont rejoint la zone occupée. Nous n'épargnerons aucun effort pour accélérer la cadence du mouvement.

Nous avons établi, d'autre part, avec le Secours National et la Croix-Rouge française et en liaison avec le Comité américain d'aide aux réfugiés, un vaste plan d'assistance et de réinstallation.

Ces mesures de redressement seraient incomplètes si elles n'étaient accompagnées de l'élan spirituel qui galvanise les âmes.

Je manquerais à mon devoir si je ne saisissais pas cette occasion pour adresser mes remerciements émus à la générosité américaine. Grâce à elle, en quelques semaines, plus de mille wagons de denrées diverses et de vêtements ont été distribués aux populations réfugiées de la zone libre, tandis qu'un nombre considérable d'autres wagons allaient à la population nécessiteuse de Paris. Aide infiniment précieuse en elle-même, plus précieuse encore par le témoignage qu'elle nous apporte de la fidélité et des sentiments américains pour notre pays.

Je veux remercier également nos amis suisses qui nous ont adressé dix wagons de denrées destinés, les uns aux réfugiés, les autres à nos prisonniers dont le sort nous est une préoccupation poignante. Nous nous efforçons d'en adoucir la rigueur, soit par des négociations avec les autorités allemandes, soit par l'envoi de colis individuels distribués par les soins de nos Croix-Rouges, désormais réunies en un seul organisme et animées d'un élan nouveau.

Les aspects multiples et complexes du problème de la démobilisation ont également retenu notre sollicitude.

En règle générale, nous avons démobilisé, d'abord, les plus anciennes classes, mais en tenant compte, dans une juste mesure, du nombre d'enfants, de la profession et de la facilité de retour au foyer.

Une priorité a été accordée à ceux dont la rentrée dans la vie civile était indispensable à certains travaux d'intérêt général : agriculteurs, cheminots, électriciens, mineurs, employés des Postes, ouvriers spécialisés. De nombreux démobilisés en zone libre avaient leur résidence habituelle en zone occupée. Nous avons doté chacun d'eux d'un équipement civil complet.

Une prime est accordée à tous les démobilisés pour les aider à franchir le passage de l'état militaire à la vie civile.

Nous avons enfin créé des centres d'accueil où les démobilisés, sans moyens d'existence, sont hébergés et nourris en attendant de trouver du travail.

Parmi les victimes des circonstances de la guerre, la jeunesse est plus particulièrement l'objet de notre souci.

Adolescents séparés de vos familles, jeunes démobilisés incertains du lendemain, je m'associe à vos tristesses et à vos inquiétudes ; vous êtes l'espoir de la France nouvelle. C'est sur vous que repose son avenir. Ayez confiance, nous vous aiderons.

Pour les jeunes soldats de la dernière classe qui n'a pas pris part à la guerre, des chantiers de travail ont été ouverts. Ces chantiers s'attaqueront à des tâches d'intérêt national, trop longtemps négligées : aménagement de forêts, de camps, de stades, construction de maisons de la jeunesse dans les villages. Par ces travaux s'amorcera, comme il convient, le rajeunissement de notre pays.

Quant aux jeunes démobilisés, leur sort est lié à des travaux considérables dont l'exécution constituera une œuvre de longue haleine. Pour parer au plus pressé, nous aurons recours à des moyens divers, tels que placement familial, apprentissage artisanal, camps de travail, aide agricole.

Tous les mouvements de jeunesse existants seront maintenus ; leur originalité sera respectée, leur action encouragée, étendue et complétée par des initiatives nouvelles.

À tous, je demanderai les mêmes efforts, ceux qui feront de la jeunesse française une jeunesse forte, saine de corps et d'esprit, préparée aux tâches qui élèveront leur âme de Français et de Françaises.

Je ne veux pas terminer cette allocution sans adresser un message spécial aux Parisiens et à l'ensemble de la France occupée.

Paris, cœur et cerveau de la nation, creuset où s'élaborèrent de tout temps les destinées de la patrie, demeure pour tous les Français le siège naturel de l'autorité gouvernementale. J'apprends sans surprise que la population parisienne, si sensible et si fière, s'étonne de l'absence de ses chefs et surtout de celle du chef de l'État. Je sais que toute la population de la zone occupée estime, non sans raison, que le gouvernement, résidant à Paris, serait mieux placé pour s'occuper plus efficacement d'elle. Je partage ces sentiments.

Dès l'entrée en vigueur de l'armistice, mon gouvernement s'est efforcé d'obtenir du gouvernement allemand la possibilité de rentrer à Paris et à Versailles.

Or, le 7 août, le gouvernement allemand m'a fait connaître que tout en maintenant son acceptation de principe déjà inscrite dans la convention d'armistice, il ne pouvait, pour des raisons d'ordre technique et tant que certaines conditions matérielles ne seraient pas réalisées, autoriser ce transfert.

Il faut donc attendre encore, mais je crois pouvoir vous assurer qu'il ne s'agit plus que d'un délai. J'ajoute que si vous souhaitez mon retour, je le souhaite aussi ardemment que vous.

Mais, pour nous tous, la patience est peut-être aujourd'hui la forme la plus nécessaire du courage.

C'est sur cette exhortation à la patience que je conclurai, mes chers amis.

Pendant les trois quarts de siècle qui ont précédé la guerre, le régime politique auquel étaient soumis les Français avait pour principal ressort la culture du mécontentement.

La règle du jeu consistait à aviver tous les motifs d'irritation, légitimes ou illégitimes, jusqu'à faire croire à notre peuple, qui était alors un des plus heureux de la terre, qu'il en était le plus déshérité.

Chaque parti n'hésitait pas à promettre, d'ailleurs, qu'il suffirait que la France lui confiât les leviers de commande pour que l'enfer auquel les Français étaient voués fît place au merveilleux paradis.

Aujourd'hui que la France est en proie au malheur véritable, il n'y a plus de place pour les mensonges et les chimères. Il faut que les Français s'attachent à supporter l'inévitable, fermement et patiemment.

Le rôle du gouvernement est de les y aider par une action constante, uniquement inspirée de la passion du bien public.

Nous nous engageons simplement à travailler de notre mieux, honnêtement, courageusement, de toutes les forces de notre esprit et de notre cœur, pour remplir la haute et difficile mission qui nous est dévolue. Faisons notre devoir, les uns et les autres, en toute conscience ; le salut de la France, que mettraient en danger nos discordes, sera la récompense de notre union.

15 août 1940

L'ÉDUCATION NATIONALE

Français,

Parmi les tâches qui s'imposent au gouvernement, il n'en est pas de plus importante que la réforme de l'éducation nationale.

Il y avait à la base de notre système éducatif une illusion profonde : c'était de croire qu'il suffit d'instruire les esprits pour former les cœurs et pour tremper les caractères.

Il n'y a rien de plus faux et de plus dangereux que cette idée.

Le cœur humain ne va pas naturellement à la bonté ; la volonté humaine ne va pas naturellement à la fermeté, à la constance, au courage. Ils ont besoin pour y atteindre et pour s'y fixer, d'une vigoureuse et opiniâtre discipline.

Vous le savez bien, parents qui me lisez : un enfant bien élevé ne s'obtient pas sans un usage vigilant, à la fois inflexible et tendre, de l'autorité familiale.

La discipline de l'école doit épauler la discipline de la famille. Ainsi, et ainsi seulement se forment les hommes et les peuples forts.

Une autre grave erreur de notre enseignement public, c'est qu'il était une école d'individualisme. Je veux dire qu'il considérait l'individu comme la seule réalité authentique et en quelque sorte absolue.

La vérité c'est que l'individu n'existe que par la famille, la société, la patrie, dont il reçoit, avec la vie, tous les moyens de vivre.

Il est aisé de le constater d'ailleurs. Les époques où l'individualisme a fait loi sont celles qui comptent le moins d'individualités véritables. Nous venons d'en faire la cruelle expérience.

C'était une grande pitié de voir, jusqu'à la veille de la guerre, nos journaux et nos revues tout pleins d'éloges de l'individualisme français, qui est exactement ce dont nous avons failli mourir.

L'individualisme n'a rien de commun avec le respect de la personne humaine sous les apparences duquel il a essayé parfois de se camoufler.

L'école française de demain enseignera avec le respect de la personne humaine, la famille, la société, la patrie. Elle ne prétendra plus à la neutralité. La vie n'est pas neutre ; elle consiste à prendre parti hardiment. Il n'y a pas de neutralité possible entre le vrai et le faux, entre le bien et le mal, entre la santé et la maladie, entre l'ordre et le désordre, entre la France et l'anti-France.

L'école française sera nationale avant tout, parce que les Français n'ont pas de plus haut intérêt commun que celui de la France. Toute maison divisée contre elle-même périra, dit l'Évangile. Nous entendons rebâtir la Maison France sur le roc inébranlable de l'unité française.

Dans cette France rénovée, toute la riche diversité des vocations françaises trouvera sa place et les conditions de son épanouissement.

Nous maintiendrons, nous élargirons s'il se peut, une tradition de haute culture qui fait corps avec l'idée même de notre patrie. La langue française a une universalité attachée à son génie. Ce n'est pas sans raison que nous nous sommes plu à donner au suprême couronnement de nos études le bon nom d'Humanités.

Sœur cadette des Humanités, mais non moins riche de réalisations et de promesses, la science libre et désintéressée occupera une place éminente dans la France nouvelle. Fidèles à notre pensée décentralisatrice, nous décongestionnerons l'université de Paris pour faire de nos universités provinciales autant de puissants foyers de recherche dont certains pourront être spécialisés. Et nous n'hésiterons pas à y appeler comme animateurs, aux côtés de la hiérarchie universitaire, les chercheurs originaux qui auront fait leurs preuves dans telle ou telle branche de la découverte.

Nous favoriserons, entre nos savants et nos industriels, une coopération féconde et, sans abaisser le niveau de notre enseignement supérieur, nous nous efforcerons d'orienter dans un sens plus réaliste la formation de nos ingénieurs, de nos médecins, de nos magistrats, de nos professeurs eux-mêmes.

Nous nous attacherons à détruire le funeste prestige d'une pseudo-culture purement livresque, conseillère de paresse et génératrice d'inutilités.

Le travail est le partage de l'homme sur la terre, il lui est imposé par une nécessité inéluctable, mais tout l'effort des civilisations antiques avait tendu à affranchir de cette nécessité une race de maîtres et à la transférer à une race d'esclaves. Il était réservé au christianisme d'instaurer le respect du travail et des travailleurs. Puisque les moins croyants d'entre nous se plaisent aujourd'hui à se réclamer de la civilisation chrétienne, qu'ils nous aident à rétablir dans notre peuple le sens, l'amour, l'honneur du travail.

C'est dans cet esprit que nous réorganiserons l'école primaire.

Elle continuera comme par le passé, cela va sans dire, à enseigner le français, les éléments des mathématiques, de l'histoire, de la géographie, mais selon des programmes simplifiés, dépouillés du caractère encyclopédique et théorique qui les détournait de leur objet véritable.

Par contre, une place beaucoup plus large y sera faite aux travaux manuels dont la valeur éducative est trop souvent méconnue.

Il faudra que les maîtres de notre enseignement primaire se pénètrent de cette idée, et sachent en pénétrer leurs élèves, qu'il n'est pas moins noble et pas moins profitable, même pour l'esprit, de manier l'outil que de tenir la plume, et de connaître à fond un métier que d'avoir sur toutes choses des clartés superficielles.

De cette idée bien comprise et sérieusement appliquée découleront d'importantes et bienfaisantes conséquences.

Désormais, les meilleurs éléments de chaque classe ne seront plus prélevés, déracinés, orientés vers ce qu'on a appelé le nomadisme administratif.

Les élites ne seront plus appelées et comme aspirées automatiquement par les villes.

Chaque profession, chaque métier, aura son élite, et nous encouragerons de tout notre pouvoir la formation de ces élites sur les plans local et régional.

Les perspectives de la situation présente comportent un arrêt, sinon même un recul dans la voie de l'industrialisation à outrance où la France s'efforçait de rivaliser avec d'autres nations mieux partagées qu'elle, quant à l'abondance de la population ou à la richesse des matières premières.

Nous serons ainsi amenés d'une part à restaurer la tradition de l'artisanat, où triompha pendant tant de siècles la qualité française, d'autre part à réenraciner, autant que faire se pourra, l'homme français dans la terre de France, où il puisa toujours, en même temps que sa substance et celle de ses concitoyens des villes, les solides vertus qui ont fait la force et la durée de la patrie.

L'artisan, s'attaquant à la matière, en fait une œuvre ; la création d'une œuvre artisanale demande un effort physique, de l'intelligence et du cœur ; elle exige de l'homme, l'esprit de décision et le sens de la responsabilité. Elle aboutit à la naissance du chef-d'œuvre par où l'artisan se hausse à la dignité de l'artiste. Mais si haut qu'il monte, l'artisan ne se détache jamais ni des traditions de son métier, ni de celles de son terroir.

Nous l'aiderons à en recueillir les influences vivifiantes, notamment en donnant à l'enseignement de la géographie et de l'histoire un tour concret, un caractère local et régional qui ajoutera les clartés de la connaissance à l'amour du pays.

L'école primaire ainsi conçue, avec son complément artisanal, substituera à l'idéal encyclopédique de l'homme abstrait, conçu par des citadins et pour des citadins, l'idéal beaucoup plus large, beaucoup plus humain de l'homme appuyé sur un sol et sur un métier déterminé.

Elle donnera aux paysans un sentiment nouveau de leur dignité. Nous y aiderons d'abord en leur attribuant la place qui leur revient dans la communauté nationale, et ensuite en dotant le moindre village des installations modernes d'eau, d'électricité, d'hygiène, qui ont été jusqu'ici le privilège des villes et qui permettront aux paysans d'adoucir et d'embellir leurs rudes conditions de vie. Car la vie rurale n'est pas une idylle, et le métier de paysan est un dur métier, qui exige toujours de l'endurance, souvent du courage, parfois de l'héroïsme. Mais de cela le paysan de France s'accommodera, pourvu qu'il sente cette fois qu'on lui rend justice. Le paysan de France a été assez longtemps à la peine, qu'il soit aujourd'hui à l'honneur.

Extrait de la *Revue des Deux Mondes*

6 septembre 1940

L'EMPIRE

Français,

Pour la première fois depuis l'armistice, la voix de la France est entendue de son Empire.

J'ai voulu que le premier message adressé aux populations d'outre-mer, à leurs gouverneurs, à leurs colons, aux citoyens, sujets et protégés français, fût le message du chef de l'État.

Ce message est un message de vérité et de confiance.

La France a perdu la guerre. Les trois cinquièmes de son territoire sont occupés. Elle s'apprête à connaître un hiver pénible. Elle doit faire face aux tâches les plus rudes.

Mais son unité — une unité forgée par mille ans d'efforts et de sacrifices — doit rester intacte.

Elle ne peut pas être mise en cause. Aucune tentative, de quelque côté qu'elle vienne, de quelque idéal qu'elle se pare, ne saurait prévaloir contre elle.

Le premier devoir est aujourd'hui d'obéir.

Le second est d'aider le gouvernement dans sa tâche, de l'aider sans arrière-pensée, sans réticence. À la voix de la patrie, l'Empire, ce plus beau fleuron de la couronne française, saura répondre : « Présent ! »

15 septembre 1940

LA POLITIQUE

Français,

Je viens aujourd'hui vous parler « politique ».

Peut-être certains d'entre vous vont-ils s'écrier : « Enfin ! » tandis que d'autres diront : « Déjà ! »

Ils se méprendront les uns et les autres.

La politique dont je veux vous entretenir n'est pas cette lutte stérile ou funeste de partis et de factions, ce fiévreux déchaînement d'ambitions personnelles ou de passions idéologiques, cette excitation permanente à la division et à la haine, où un historien voyait la plus dangereuse épidémie qui puisse s'abattre sur un peuple.

La politique, la vraie politique, est à la fois une science et un art.

Son objet est de rendre les peuples prospères, les civilisations florissantes, les patries durables ; elle est l'art de gouverner les hommes conformément à leur intérêt le plus général et le plus élevé.

Elle ne s'adresse pas aux sentiments bas tels que l'envie, la cupidité, la vengeance, mais à la passion du bien public, à la générosité.

Elle ne se propose pas d'exploiter le peuple, mais de le servir ; elle ne s'efforce pas de le flatter ou de le séduire, mais d'éveiller sa conscience et de provoquer sa réflexion ; et si elle lui parle de ses droits, elle n'oublie pas de lui rappeler ses devoirs.

Un État fort est l'organe indispensable d'un bon gouvernement, parce que pour remplir dignement sa mission un État doit être libre, et que seules les mains libres sont fortes pour le bien.

C'est cet État fort, ramené à ses attributions véritables, que nous voulons instituer sur les décombres de l'État énorme et débile qui s'est effondré sous le poids de ses faiblesses et de ses fautes, beaucoup plus que sous les coups de l'ennemi.

Déjà il a donné la mesure de sa force, de sa liberté, de son souci du bien public en accomplissant en quelques semaines des tâches auxquelles les gouvernements de la IIIe République n'avaient pas osé s'attaquer.

Il a fallu pour cela bouleverser des habitudes, gêner des commodités, léser des intérêts. Nous l'avons fait sans plaisir, mais sans hésitation et sans crainte, dans le sentiment de notre devoir et dans la conviction que le peuple français saurait se rendre maître de ses irritations et de ses impatiences, et nous juger avec sa raison sur les résultats de notre action.

Le nouvel État français, n'étant inféodé à aucun intérêt ou groupements d'intérêts particuliers, a la liberté, la force, et, j'ajoute, la volonté de jouer son rôle d'arbitre, et d'assurer, par un exercice impartial et rigoureux de la justice, ce triomphe du bien général dans le respect des droits individuels qui importe si fort au maintien de la cohésion nationale.

Il n'y avait rien de plus illogique, de plus incohérent, de plus contradictoire que le régime économique auquel nous avons dû, pendant cinquante ans et plus, une agitation chronique, jalonnée de conflits violents où la grève et le « *lock-out* » se disputaient à qui accumulerait le plus des ruines.

La liberté était perpétuellement invoquée par les puissants, à qui elle conférait un intolérable surcroît de puissance, et la loi, lorsqu'elle intervenait en faveur des faibles, le faisait si maladroitement qu'elle tournait en fin de compte à leur préjudice.

C'est une pitoyable histoire que celle des lois dites « sociales » de cette époque. Elles n'ont pas relevé la condition ouvrière, elles n'ont pas abaissé la féodalité capitaliste, elles ont plus qu'à demi ruiné l'économie nationale. À quoi faut-il attribuer un échec aussi complet ? Non pas tant à l'incapacité ou à la méchanceté des hommes qu'à la faiblesse de l'État, de l'insuffisance de l'appareil gouvernemental.

Plus favorisés que nos prédécesseurs, nous pouvons aborder les problèmes sociaux dans un esprit plus libre et avec des moyens d'action plus efficaces.

Commençons par le commencement, par la famille, par la jeunesse.

Le droit des familles est en effet antérieur et supérieur à celui de l'État comme à celui des individus. La famille est la cellule essentielle ; elle est l'assise même de l'édifice social ; c'est sur elle qu'il faut bâtir ; si elle fléchit, tout est perdu ; tant qu'elle tient, tout peut être sauvé. C'est donc à elle que nous devons nos premiers soins ; nous y avons pourvu en lui assurant une direction qui a ses prolongements naturels d'une part du côté de l'hygiène, d'autre part du côté de la jeunesse. Dans l'ordre nouveau que nous instituons, la famille sera honorée, protégée, aidée ; l'instruction de la jeunesse et son éducation marcheront de pair ; partout où elle grandira, au foyer, à l'école, aux champs, à l'atelier, sa santé et sa vigueur seront l'objet de la sollicitude la plus attentive ; et nous n'épargnerons aucun effort pour préparer à la patrie les hommes et les femmes de travail et de devoir dont elle a besoin.

Lorsque nos jeunes gens, lorsque nos jeunes filles entreront dans la vie, nous ne les abuserons pas de grands mots et d'espérances illusoires ; nous leur apprendrons à ouvrir les yeux tout grands sur la réalité.

Nous leur dirons qu'il est beau d'être libre, mais que la « Liberté » réelle ne peut s'exercer qu'à l'abri d'une autorité tutélaire, qu'ils doivent respecter, à laquelle ils doivent obéir ; nous ne nous contenterons pas pour eux de la liberté de mourir de faim, même si cette liberté leur donne le droit de déposer un bulletin de vote tous les quatre ans dans une urne ; nous leur reconnaîtrons le droit au travail, non pas toutefois à n'importe quel travail, car dans ce domaine leur liberté de choix trouvera sa limite dans les possibilités de la situation économique et dans les exigences de l'intérêt national.

Nous leur dirons ensuite que l'« Égalité » est une belle chose, sur certains plans et dans certaines limites ; mais que, si les hommes sont égaux devant la mort, s'ils sont égaux devant Dieu, s'il appartient à une société civilisée de les rendre égaux devant la loi et de leur accorder, devant la vie, des chances égales, ces diverses sortes d'égalités doivent s'encadrer dans une hiérarchie rationnelle, fondée sur la diversité des fonctions et des mérites, et ordonnée, elle aussi, au bien commun.

Nous leur dirons enfin que la « Fraternité » est un idéal magnifique, mais que dans l'état de nature où nous voici retombés, il ne saurait y avoir de fraternité véritable qu'à l'intérieur de ces groupes naturels que sont la famille, la cité, la patrie.

Nous leur dirons que, s'il est normal que les hommes se groupent selon les affinités de leur métier, de leur niveau social, de leur genre de vie, et s'il est légitime que ces groupements divers essaient de faire valoir, les uns par rapport aux autres, leurs intérêts et leurs droits, la lutte des classes considérée comme le grand moteur du progrès universel est une conception absurde, qui conduit les peuples à la désagrégation et à la mort, soit par la guerre civile, soit par la guerre étrangère.

Nous leur dirons que, si la concurrence est la loi de la vie et si les intérêts des patrons et des ouvriers peuvent être parfois opposés, l'intérêt général de la profession, qui leur est commun, doit dominer l'opposition de leurs intérêts particuliers, et qu'il est lui-même englobé dans l'intérêt plus général encore de la production. D'où une triple nécessité :

– nécessité d'organiser la profession sur une base corporative où tous les éléments d'une entreprise puissent se rencontrer, s'affronter ou se composer ;

– nécessité d'avoir, au sein de la profession organisée, un représentant de l'État chargé d'arbitrer souverainement les oppositions qui s'avéreraient autrement irréductibles ;

– nécessité d'avoir, en dehors et au-dessus des corporations ou communautés d'entreprises, un organisme d'État chargé d'orienter la production nationale selon les capacités du marché intérieur et les possibilités des marchés extérieurs.

Conçue suivant ces principes, la nouvelle organisation sociale ne sera pas un « Libéralisme » puisqu'elle n'hésitera pas à combattre la violence qui se cache sous certaines libertés apparentes et à chercher dans certaines contraintes légales un indispensable instrument de libération.

Elle ne sera pas un « Socialisme » puisqu'elle respectera dans une large mesure la liberté individuelle et qu'elle conservera le puissant moteur du profit individuel.

Elle ne sera pas un « Capitalisme » puisqu'elle mettra fin au règne de l'économique et à son immorale autonomie et qu'elle subordonnera le facteur argent, et même le facteur travail, au facteur humain.

Une des grandes nouveautés du christianisme a été d'apprendre à l'homme à accepter librement la nécessité du travail et à conférer au travail le plus humble une valeur spirituelle. Nous aspirons de toute notre âme à restaurer cette valeur-là, qui repose en définitive sur le sentiment du devoir et le respect de la personne humaine.

Je voudrais souligner, en terminant, que cette conception de la vie sociale est purement et profondément française.

Libéralisme, capitalisme, collectivisme sont en France des produits étrangers, importés, que la France rendue à elle-même rejette tout naturellement.

Elle comprend aujourd'hui qu'elle s'était égarée en essayant de transplanter chez elle des institutions et des méthodes qui n'étaient point faites pour son sol et pour son climat. Et quand il lui arrivera d'examiner les principes qui ont assuré la victoire de ses adversaires, elle aura la surprise d'y reconnaître un peu partout son propre bien, sa plus pure et authentique tradition.

L'idée d'une économie concrète, définie par des volontés humaines et soumise au jugement de la conscience morale, c'est l'idée même qui dominait le régime social traditionnel.

L'idée nationale-socialiste de la primauté du travail et de sa réalité essentielle par rapport à la fiction des signes monétaires, nous avons d'autant moins de peine à l'accepter qu'elle fait partie de notre héritage classique. C'est ainsi que nous la trouverons chez le plus français de nos écrivains, chez le plus national de nos poètes, le bon La Fontaine. Rappelez-vous la fable que vous avez tous apprise à l'école, *Le Laboureur et ses enfants* :

> Gardez-vous, leur dit-il, de vendre l'héritage
> Que vous ont laissé vos parents.

Un trésor est caché dedans.

Et les enfants de retourner le champ de fond en comble, et de n'y pas découvrir le trésor, mais d'en obtenir une récolte miraculeuse, sur quoi le poète conclut :

> Travaillez, prenez de la peine,
> C'est le fonds qui manque le moins.

Je pourrais poursuivre cette démonstration ; elle nous mène-rait par toutes les voies à des vérités qui furent nôtres, que nous avions oubliées, que nous pouvons reprendre sans les emprunter à personne, et sans méconnaître d'ailleurs le mérite de ceux qui ont su en tirer un meilleur parti que nous. Et nous verrions ainsi comment, sans nous renoncer en aucune manière, mais au con-traire en nous retrouvant nous-mêmes, nous pourrions articuler notre pensée et notre action sur celles qui présideront demain à la réorganisation du monde.

Extrait de la *Revue des Deux Mondes*

8 octobre 1940

L'ACTION DU GOUVERNEMENT

Français !

Depuis plus d'un mois, j'ai gardé le silence. Je sais que ce silence étonne et, parfois, inquiète certains d'entre vous.

Qu'ils se rassurent. Le gouvernement n'a perdu ni l'indépendance de son langage, ni le souci des intérêts du pays. Il ne s'est éloigné ni de vos esprits, ni de vos cœurs.

S'il s'est tu, c'est qu'il a travaillé.

Trois millions de réfugiés, deux millions de mobilisés sont revenus dans leurs foyers. La majeure partie des ponts détruits par la guerre ont été rendus à la circulation. Les transports sont rétablis dans leur presque totalité.

En moins de six semaines, une tâche législative immense, tâche à laquelle aucun gouvernement n'avait osé s'attaquer, a été accomplie. La révision des naturalisations, la loi sur l'accès à certaines professions, la dissolution des sociétés secrètes, la recherche des responsables de notre désastre, la répression de l'alcoolisme, témoignent d'une ferme volonté d'appliquer, dans tous les domaines, un même effort d'assainissement et de reconstruction.

Un statut nouveau, prélude d'importantes réformes de structure, déterminera les rapports du capital et du travail. Il assurera à chacun la dignité et la justice.

L'honneur rendu à la famille, les encouragements et les appuis qui lui sont accordés contribueront à la restauration du foyer et au relèvement des naissances.

La réforme, déjà entreprise, de l'enseignement refera l'unité de la nation et l'élan donné à la jeunesse lui rendra, dans un harmonieux équilibre de l'esprit et du corps, la santé, la force et la joie.

Ainsi s'est manifestée, dans l'immédiat, notre première action.

Elle était pressante. Il fallait, à la fois, trouver une solution aux problèmes les plus urgents et rafraîchir l'atmosphère de la vie française.

Pour y parvenir, nous avons dû bouleverser des habitudes, gêner des commodités, léser des intérêts. Nous l'avons fait dans le sentiment de notre devoir, dans la conviction que le peuple français saurait maîtriser ses impatiences, pour juger nos actes avec sa raison.

Mais ce court regard sur le passé ne nous dispense pas de songer à l'avenir.

Cet avenir est encore lourd et sombre.

Le sort de nos prisonniers retient en premier lieu mon attention. Je pense à eux parce qu'ils souffrent, parce qu'ils ont lutté jusqu'à l'extrême limite de leurs forces, et que c'est en s'accrochant au sol de France qu'ils sont tombés aux mains de l'ennemi. Que leurs mères, que leurs femmes, que leurs fils sachent que ma pensée ne les quitte pas, qu'ils sont eux aussi mes enfants, que chaque jour je lutte pour améliorer leur sort.

À nos populations d'Alsace et de Lorraine, contraintes de quitter brusquement leurs villes et leurs villages, j'adresse l'expression de notre cordiale sympathie.

Je ne puis oublier, enfin, ni les paysans de la France occupée courageux devant l'épreuve, ni les Parisiens dont je partage les tristesses, dont j'approuve la dignité, et que j'espère retrouver bientôt.

À l'approche de cet hiver qui sera rude, nous avons dû nous préoccuper de lutter contre le chômage. À cet effet, de grands travaux ont été décidés : d'importants crédits, plus de 15 milliards, y ont été affectés. Ils assureront le gagne-pain de milliers d'ouvriers, en même temps qu'ils accroîtront la puissance productrice du pays. Les difficultés matérielles seront grandes. Mais nous procéderons par étapes, dans un ardent désir d'apporter une solution aussi large que possible à un problème capital pour la santé morale et sociale de notre pays.

Le problème de rationnement s'est posé au gouvernement comme une pénible nécessité.

Ce rationnement nous a été imposé, à la fois par la sévérité de la défaite et par la volonté du vainqueur. Nous n'avons pas cherché à ruser avec des réalités cruelles, et, contraints d'exiger des Français les restrictions les plus dures, nous avons voulu assurer l'égalité de tous devant le sacrifice. Chacun devra prendre sa part des privations communes, sans que la fortune puisse les épargner aux uns et la misère les rendre plus lourdes aux autres.

Je viens de vous parler de notre passé récent et de notre proche avenir.

Les exigences du moment ne doivent pas nous faire perdre de vue la grande voie qui s'ouvre devant nous, et sur laquelle nous planterons les jalons de la reconstruction française.

Dans un message que les journaux publieront demain [*voir message du 11 octobre 1940*] et qui sera le plan d'action du gouvernement, je vous montrerai ce que doivent être les traits essentiels de notre nouveau régime : national en politique étrangère, hiérarchisé en politique intérieure, coordonné et contrôlé dans son économie et par-dessus tout social dans son esprit et dans ses institutions.

Vous y reconnaîtrez les grandes lignes de cette Révolution nationale qu'ensemble nous accomplissons, qu'ensemble nous poursuivrons et dont la prochaine Constitution déterminera les moyens et les cadres.

À cette œuvre de libération et de renouveau, l'esprit public doit être étroitement et profondément associé.

Aucun redressement durable ne peut se faire sans son assentiment.

Ce redressement ne s'accomplira donc que dans la confiance et dans la foi. L'âme de la France, si méconnue dans le passé, y retrouvera la beauté de ses sources et la promesse de son réveil.

Je vous demande, mes amis, de lire attentivement ce message. Méditez-le. Qu'il soit le réconfort de ceux qui souffrent, le mot d'ordre de ceux qui espèrent.

Sans doute, estimerez-vous qu'il comporte sur le plan de l'action une suite immédiate. À cette action, consacrez-vous dès aujourd'hui. Des « Comités d'entr'aide nationale » ont été déjà constitués dans la zone occupée, comme dans la zone libre. Donnez-leur votre adhésion. Préludez à l'œuvre prochaine de reconstruction civique et de rassemblement national, par un généreux effort de collaboration sociale.

Français et Françaises, jeunes gens et jeunes filles qui m'écoutez, venez en aide à ceux que la guerre a cruellement meurtris, à ceux qui, dans les rigueurs de l'hiver, vont connaître de nouvelles et pénibles épreuves.

Et d'un même cœur, prononcez, ce soir, avec moi le même acte de foi : l'acte de ceux qui affirment leur volonté de ne pas douter de leur destin.

11 octobre 1940

LA RÉVOLUTION NATIONALE

Français,

La France a connu, il y a quatre mois, l'une des plus grandes défaites de son histoire.

Cette défaite a de nombreuses causes, mais toutes ne sont pas d'ordre technique. Le désastre n'est, en réalité, que le reflet, sur le plan militaire, des faiblesses et des tares de l'ancien régime politique.

Ce régime, pourtant, beaucoup d'entre vous l'aimaient.

Votant tous les quatre ans, vous vous donniez l'impression d'être les citoyens libres d'un État libre. Aussi, vous étonnerais-je en vous disant que, jamais, dans l'histoire de France, l'État n'a été plus asservi qu'au cours des vingt dernières années. Asservi de diverses manières : successivement, et parfois simultanément, par des coalitions d'intérêts économiques et par des équipes politiques ou syndicales prétendant, fallacieusement, représenter la classe ouvrière.

Selon la prédominance de l'une ou de l'autre de ces deux servitudes, des majorités se succédaient au pouvoir, animées trop souvent du souci d'abattre la minorité rivale. Ces luttes provoquaient des désastres. L'on recourait, alors, à ces vastes formations dites « d'Union nationale » qui ne constituaient qu'une duperie supplémentaire. Ce n'est pas, en effet, en réunissant des divergences que l'on parvient à la cohérence. Ce n'est pas en totalisant des bonnes volontés que l'on obtient « une volonté ».

De ces oscillations et de ces vassalités la marque s'imprimait profondément dans les mœurs, tout criait l'impuissance d'un régime qui ne se maintenait au travers des circonstances les plus graves, qu'en se renonçant lui-même, par la pratique des pleins pouvoirs. Il s'acheminait ainsi, à grands pas, vers une révolution politique que la guerre et la défaite ont seulement hâtée.

Prisonnier d'une telle politique intérieure, ce régime ne pouvait, le plus souvent, pratiquer une politique extérieure digne de la France.

Inspirée tour à tour par un nationalisme ombrageux et par un pacifisme déréglé, faite d'incompréhension et de faiblesse — alors que notre victoire nous imposait la force d'une générosité —, notre politique étrangère ne pouvait nous mener qu'aux abîmes. Nous n'avons pas mis plus de quinze ans à descendre la pente qui y conduisait.

Un jour en septembre 1939, sans même que l'on osât consulter les Chambres, la guerre, une guerre presque perdue d'avance, fut déclarée. Nous n'avions su ni l'éviter ni la préparer.

C'est sur cet amas de ruines qu'il faut, aujourd'hui, reconstruire la France. L'ordre nouveau ne peut, en aucune manière, impliquer un retour, même déguisé, aux erreurs qui nous ont coûté si cher. On ne saurait davantage y découvrir les traits d'une sorte « d'ordre moral » ou d'une revanche des événements de 1936.

L'ordre nouveau ne peut être une imitation servile d'expériences étrangères. Certaines de ces expériences ont leur sens et leur beauté, mais chaque peuple doit concevoir un régime adapté à son climat et à son génie.

L'ordre nouveau est une nécessité française. Nous devrons, tragiquement, réaliser dans la défaite, la révolution que, dans la victoire, dans la paix, dans l'entente volontaire de peuples égaux, nous n'avons même pas su concevoir.

Politique extérieure : un régime national

Indépendante du revers de ses armes, la tâche que la France doit accomplir l'est aussi, et à plus forte raison, des succès ou des revers d'autres nations qui ont été, dans l'histoire, ses amies ou ses ennemies.

Le régime nouveau, s'il entend être national, doit se libérer de ces amitiés ou de ces inimitiés, dites traditionnelles, qui n'ont, en fait, cessé de se modifier à travers l'histoire pour le plus grand profit des émetteurs d'emprunts et des trafiquants d'armes.

Le régime nouveau défendra, tout d'abord, l'unité nationale, c'est-à-dire l'étroite union de la Métropole et de la France d'outre-mer.

Il maintiendra les héritages de sa culture grecque et latine et leur rayonnement dans le monde.

Il remettra en honneur le véritable nationalisme, celui qui, renonçant à se concentrer sur lui-même, se dépasse pour atteindre la collaboration internationale.

Cette collaboration, la France est prête à la rechercher dans tous les domaines, avec tous ses voisins. Elle sait d'ailleurs que, quelle que soit la carte politique de l'Europe et du monde, le problème des rapports franco-allemands, si criminellement traité dans le passé, continuera de déterminer son avenir.

Sans doute, l'Allemagne peut-elle, au lendemain de sa victoire sur nos armes, choisir entre une paix traditionnelle d'oppression et une paix toute nouvelle de collaboration.

À la misère, aux troubles, aux répressions et sans doute aux conflits que susciterait une nouvelle paix faite « à la manière du passé », l'Allemagne peut préférer une paix vivante pour le vainqueur, une paix génératrice de bien-être pour tous.

Le choix appartient d'abord au vainqueur ; il dépend aussi du vaincu.

Si toutes les voies nous sont fermées, nous saurons attendre et souffrir.

Si un espoir, au contraire, se lève sur le monde, nous saurons dominer notre humiliation, nos deuils, nos ruines ; en présence d'un vainqueur qui aura su dominer sa victoire, nous saurons dominer notre défaite.

Politique intérieure : un régime hiérarchique et social

Le régime nouveau sera une hiérarchie sociale. Il ne reposera plus sur l'idée fausse de l'égalité naturelle des hommes, mais sur l'idée nécessaire de l'égalité des « chances » données à tous les Français de prouver leur aptitude à « servir ».

Seuls le travail et le talent deviendront le fondement de la hiérarchie française. Aucun préjugé défavorable n'atteindra un Français du fait de ses origines sociales, à la seule condition qu'il s'intègre dans la France nouvelle et qu'il lui apporte un concours sans réserve. On ne peut faire disparaître la lutte des classes, fatale à la nation, qu'en faisant disparaître les causes qui ont formé ces classes et les ont dressées les unes contre les autres.

Ainsi renaîtront les élites véritables que le régime passé a mis des années à détruire, et qui constitueront les cadres nécessaires au développement du bien-être et de la dignité de tous.

Certains craindront peut-être que la hiérarchie nouvelle détruise une liberté à laquelle ils tiennent et que leurs pères ont conquise au prix de leur sang.

Qu'ils soient sans inquiétude.

L'autorité est nécessaire pour sauvegarder la liberté de l'État, garantie des libertés individuelles, en face des coalitions d'intérêts particuliers. Un peuple n'est plus libre, en dépit de ses bulletins de vote, dès que le gouvernement qu'il a librement porté au pouvoir devient le prisonnier de ces coalitions.

Que signifierait d'ailleurs, en 1940, la liberté — l'abstraite liberté — pour un ouvrier chômeur ou pour un petit patron ruiné, sinon la liberté de souffrir sans recours, au milieu d'une nation vaincue ?

Nous en perdrons, en réalité, certaines apparences trompeuses de la liberté que pour mieux en sauver la substance.

L'histoire est faite d'alternances entre les périodes d'autorité dégénérant en tyrannie, et des périodes de liberté engendrant la licence. L'heure est venue pour la France de substituer à ces alternances douloureuses une conjonction harmonieuse de l'autorité et des libertés.

Le caractère hiérarchique du nouveau régime est inséparable de son caractère social.

Mais ce caractère social ne peut se fonder sur des déclarations théoriques. Il doit apparaître dans les faits. Il doit se traduire par des mesures immédiates et pratiques.

Tous les Français, ouvriers, cultivateurs, fonctionnaires, techniciens, patrons ont d'abord le devoir de travailler. Ceux qui méconnaîtraient ce devoir ne mériteraient plus leur qualité de citoyen. Mais tous les Français ont également droit au travail. On conçoit aisément que, pour assurer l'exercice de ce droit et la sanction de ce devoir, il faille introduire une révolution profonde dans notre vieil appareil économique.

Après une période transitoire, pendant laquelle les travaux d'équipement devront être multipliés et répartis sur tout le territoire, nous pourrons, dans une économie organisée, créer des centres durables d'activité où chacun trouvera la place et le salaire que ses aptitudes lui méritent.

Les solutions, pour être efficaces, devront être adaptées aux divers métiers. Telle solution qui s'impose pour l'industrie n'aurait aucune raison d'être pour l'agriculture familiale, qui constitue la principale base économique et sociale de la France.

Mais il est des principes généraux qui s'appliqueront à tous les métiers.

Ces métiers seront organisés et leur organisation s'imposera à tous.

Les organisations professionnelles traiteront de tout ce qui concerne le métier, mais se limiteront au seul domaine professionnel. Elles assureront, sous l'autorité de l'État, la rédaction et l'exécution des conventions de travail. Elles garantiront la dignité de la personne du travailleur, en améliorant ses conditions de vie, jusque dans sa vieillesse.

Elles éviteront enfin les conflits, par l'interdiction absolue des « *lock-out* » et des grèves, par l'arbitrage obligatoire des tribunaux du travail.

Politique économique : l'économie coordonnée et la monnaie au service de l'économie

Le régime économique de ces dernières années faisait apparaître les mêmes imperfections et les mêmes contradictions que le régime politique.

Sur le plan parlementaire : apparence de liberté.

Sur le plan de la production et des échanges : apparence du libéralisme, mais en fait, asservissement aux puissances d'argent et recours de plus en plus large aux interventions de l'État. Cette dégradation du libéralisme économique s'explique d'ailleurs aisément.

La libre concurrence était, à la fois, le ressort et le régulateur du régime libéral. Le jour où les coalitions et les trusts brisèrent ce mécanisme essentiel, la production et les prix furent livrés, sans défense, à l'esprit de lucre et de spéculation.

Ainsi se déroulait ce spectacle révoltant de millions d'hommes manquant du nécessaire, en face de stocks invendus et même détruits, dans le seul dessein de soutenir les cours des matières premières.

Ainsi s'annonçait la crise mondiale.

Devant la faillite universelle de l'économie libérale, presque tous les peuples se sont engagés dans la voie d'une économie nouvelle. Nous devons nous y engager à notre tour et, par notre énergie et notre foi, regagner le temps perdu.

Deux principes essentiels nous guideront : l'économie doit être organisée et contrôlée. La coordination par l'État des activités privées doit briser la puissance des trusts et leur pouvoir de corruption. Bien loin donc de brider l'initiative individuelle, l'économie doit la libérer de ses entraves actuelles, en la subordonnant à l'intérêt national.

La monnaie doit être au service de l'économie ; elle doit permettre le plein essor de la production, dans la stabilité des prix et des salaires.

Une monnaie saine est, avant tout, une monnaie qui permet de satisfaire aux besoins des hommes. Notre nouveau système monétaire ne devra donc affecter l'or qu'à la garantie des règlements extérieurs. Il mesurera la circulation intérieure aux nécessités de la production.

Un tel système implique un double contrôle :

– sur le plan international, contrôle du commerce extérieur et des changes pour subordonner aux nécessités nationales l'emploi des signes monétaires sur les marchés étrangers ;

– sur le plan intérieur, contrôle vigilant de la consommation et des prix, afin de maintenir le pouvoir d'achat de la monnaie, d'empêcher les dépenses excessives et d'apporter plus de justice dans la répartition des produits.

Ce système ne porte aucune atteinte à la liberté des hommes, si ce n'est à la liberté de ceux qui spéculent, soit par intérêt personnel, soit par intérêt politique.

Il n'est conçu qu'en fonction de l'intérêt national. Il devra, dans les dures épreuves que nous traversons, s'exercer avec une entière rigueur.

Que la classe ouvrière et la bourgeoisie fassent, ensemble, un immense effort pour échapper aux routines de paresse et prennent conscience de leur intérêt commun de citoyen, dans une nation désormais unie.

Conclusion

Telle est, aujourd'hui, Français, la tâche à laquelle je vous convie.

Il faut reconstruire. Cette reconstruction, c'est avec vous que je veux la faire.

La Constitution sera l'expression juridique de la révolution déjà commencée dans les faits, car les institutions ne valent que par l'esprit qui les anime.

Une révolution ne se fait pas seulement à coups de lois et de décrets. Elle ne s'accomplit que si la nation la comprend et l'appelle, que si le peuple accompagne le gouvernement dans la voie de la rénovation nécessaire.

Bientôt, je vous demanderai de vous grouper pour qu'ensemble, réunis autour de moi, en communion avec les anciens combattants déjà formés en légion, vous meniez cette révolution jusqu'à son terme, en ralliant les hésitants, en brisant les forces hostiles et les intérêts coalisés, en faisant régner, dans la France nouvelle, la véritable fraternité nationale.

30 octobre 1940

L'ENTREVUE DE MONTOIRE

Français !

J'ai rencontré, jeudi dernier, le chancelier du Reich. Cette rencontre a suscité des espérances et provoqué des inquiétudes.

Je vous dois à ce sujet quelques explications.

Une telle entrevue n'a été possible, quatre mois après la défaite de nos armes, que grâce à la dignité des Français devant l'épreuve, grâce à l'immense effort de régénération auquel ils se sont prêtés, grâce aussi à l'héroïsme de nos marins, à l'énergie de nos chefs coloniaux, au loyalisme de nos populations indigènes. La France s'est ressaisie. Cette première rencontre, entre le vainqueur et le vaincu, marque le premier redressement de notre pays.

C'est librement que je me suis rendu à l'invitation du Führer. Je n'ai subi de sa part aucun « diktat », aucune pression. Une collaboration a été envisagée entre nos deux pays. J'en ai accepté le principe. Les modalités en seront discutées ultérieurement.

À tous ceux qui attendent, aujourd'hui, le salut de la France, je tiens à dire que ce salut est d'abord entre nos mains.

À tous ceux que de nobles scrupules tiendraient éloignés de notre pensée, je tiens à dire que le premier devoir de tout Français est d'avoir confiance.

À tous ceux qui doutent, comme à ceux qui s'obstinent, je rappellerai qu'en se raidissant à l'excès, les plus belles attitudes de réserve et de fierté risquent de perdre leur force.

Celui qui a pris en mains les destinées de la France a le devoir de créer l'atmosphère la plus favorable à la sauvegarde des intérêts du pays. C'est dans l'honneur et pour maintenir l'unité française, une unité de dix siècles, dans le cadre d'une activité constructive du nouvel ordre européen, que j'entre aujourd'hui dans la voie de la collaboration. Ainsi, dans un avenir prochain, pourrait être allégé le poids des souffrances de notre pays, amélioré le sort de nos prisonniers, atténuée la charge des frais d'occupation. Ainsi pourrait être assouplie la ligne de démarcation et facilités l'administration et le ravitaillement du territoire.

Cette collaboration doit être sincère. Elle doit être exclusive de toute pensée d'agression. Elle doit comporter un effort patient et confiant.

L'armistice, au demeurant, n'est pas la paix. La France est tenue par des obligations nombreuses vis-à-vis du vainqueur. Du moins reste-t-elle souveraine. Cette souveraineté lui impose de défendre son sol, d'éteindre les divergences de l'opinion, de réduire les dissidences de ses colonies.

Cette politique est la mienne. Les ministres ne sont responsables que devant moi. C'est moi seul que l'Histoire jugera. Je vous ai tenu jusqu'ici le langage d'un père ; je vous tiens aujourd'hui le langage du chef. Suivez-moi. Gardez votre confiance en la France éternelle.

10 novembre 1940

LE SECOURS NATIONAL

Français !

L'hiver commence, il sera rude. Rude pour les prisonniers de guerre. Rude aussi pour tant de populations civiles évacuées, éprouvées par la guerre et ses suites.

Notre cœur se serre à la pensée des souffrances dont les uns et les autres sont menacés.

Mais il ne s'agit pas de les plaindre, il faut les aider et les défendre contre les rigueurs du froid.

Faites donc vite, et largement, tout ce que nous vous demandons pour eux.

Vous réunirez couvertures, chaussures, linge, sous-vêtements, chandails, chaussettes, en un mot tous les effets même les plus usagés. Vous les remettrez aux équipes de jeunes gens qui passeront, à cet effet, devant vos demeures.

On attend votre don, l'hiver, lui, n'attend pas.

Le service des prisonniers de guerre, aidé par le Comité national d'assistance et la Croix-Rouge française, acheminera, en accord avec les autorités allemandes, les vêtements destinés aux camps de France et d'Allemagne.

Le Secours National aura la large part que réclament les réfugiés, les chômeurs, les indigents.

Agissez rapidement. Il faut qu'avant la fin de novembre, tous les Français soient à l'abri.

Il faut que nos fils en captivité puissent éprouver l'affection de la nation tout entière, et la sollicitude collective qui veille sur eux.

Il faut que ceux qui n'ont pas pu encore regagner leur foyer ou souffert près d'un foyer détruit, ceux aussi que la guerre a privés de toutes leurs ressources, sentent également le souffle de solidarité et d'entr'aide qui doit, au cours des mois à venir, assurer la santé et la vie de centaines de milliers de Français et de Françaises.

13 novembre 1940

LES RÉGIONS

Il ne suffit pas que la France ait confiance en moi : il faut qu'elle ait confiance en elle-même. Et il faut que chaque Français m'aide.

Chacun sait-il que je me suis trouvé, que je me trouve encore devant le néant ? Car le néant, c'est avant tout l'absence d'autorité. L'autorité, quand je suis venu ici, n'était nulle part et elle ne s'exerçait plus de haut en bas. On a dit que la machine gouvernementale était faussée : c'est pire, elle était disloquée. Il faut non pas tant, comme on l'a dit encore, recréer une administration, il faut recréer l'autorité...

L'autorité ne s'exerce bien que quand le pouvoir central, qui en est le détenteur, n'a à donner des ordres qu'à un petit nombre d'hommes dont il est sûr et qu'il connaît bien... Dans l'armée, un chef de bataillon n'a à commander qu'à trois ou quatre compagnies, un colonel qu'à trois ou quatre bataillons, un général d'armée à deux ou trois corps. Mais le ministre de l'Intérieur lui, à qui commandait-il ? À quatre-vingt-six préfets. Et, entre lui et ses préfets, s'interposaient les parlementaires, dont les préfets dépendaient autant que des ministres. Comment, dans ces conditions, le gouvernement eût-il pu fonctionner ?... Mon plan est de diviser la France en vingt régions qui, suivant leurs affinités géographiques et politiques, grouperont trois, quatre ou cinq départements. À la tête de chacune de ces régions sera placé un gouverneur relevant directement du pouvoir central, et les préfets n'auront plus, sous le contrôle et l'autorité du gouvernement, qu'un rôle d'administrateurs. Entre le pouvoir central et les gouverneurs, comme entre les gouverneurs et les préfets, plus d'écran interposé. Dans la machine, plus de cailloux qui viennent en arrêter le fonctionnement et rendre vaine la commande...

La machine qui doit restaurer l'ordre et l'autorité, nous sommes en train de la monter. Bientôt, elle sera en place et elle tournera. Mais elle marchera d'autant plus vite et d'autant mieux que chaque Français, pour lequel elle fonctionnera, y mettra sa bonne volonté et son intelligence. L'heure des intérêts particuliers est passée. Seul compte désormais l'intérêt général.

14 novembre 1940

« HIÉRARCHISER L'ORDRE, RÉTABLIR LA LIAISON ORGANIQUE »

Tout était à refaire. Il fallait obéir à l'urgence, mais avant tout procéder avec méthode. On n'aurait pu rien faire sans d'abord rétablir l'ordre et l'autorité. Mais qu'est-ce que l'ordre sinon la discipline ? Qu'est-ce que l'autorité si ce n'est le commandement ?

On apprend, assurément, beaucoup de choses dans l'armée. Des choses vieilles et simples, mais bien utiles ! Par exemple ceci que, de tout temps, un chef n'a pu efficacement commander à plus de cinq sous-ordres. Cela commence au caporal et finit au sommet de la hiérarchie. Toujours le même compte ; un homme qui décide, quatre hommes qui obéissent et transmettent. Ainsi de suite de la pointe à la base. Il faut une règle à la portée des énergies humaines. Les anciens savaient très bien cela. Il suffit de lire Tacite. Pourquoi la politique moderne l'avait-elle oublié ? La force réelle d'un peuple est dans le contrôle de chaque devoir. Qu'est-ce que gouverner si ce n'est établir la véritable liaison sociale, c'est-à-dire la liaison hiérarchique, avec la présence d'un chef à tous les éléments de la chaîne ?

Quand, à l'appel du pays, j'ai assumé la direction du gouvernement de la France, j'ai pensé qu'avant toute réforme il fallait procéder au rétablissement de l'autorité. Mes idées là-dessus je viens de vous les dire. Elles ont surpris bien des gens. Car le bon sens surprend toujours. À force d'habitude, on admettait des paradoxes administratifs que la routine ornait d'une sorte de tradition. Je ne parle pas, notez bien, des petits abus et de leurs conséquences. Je parle de la méconnaissance très générale des possibilités de l'obéissance et du commandement. Un fait : concevez-vous qu'un ministre de l'Intérieur puisse imprimer directement les volontés de l'État à quatre-vingts préfets ? J'ai vu des chefs, et j'en suis un moi-même. Eh bien ! durant ma carrière, je

n'en ai vu aucun qui fût capable d'un pareil tour de force !...
Quand j'ai dit cela, tout le monde autour de moi semblait tomber des nues. Cette très vieille vérité semblait une révélation.
Hiérarchiser l'ordre, rétablir la liaison organique, c'est pourtant bien simple !

Tout était pourri et c'était peut-être moins la faute des hommes que la faute du système. Usure ? Non. Tout cela était vieux avant de naître. On n'avait même pas compris que les délégués administratifs de la nation devaient être choisis parmi l'élite et néanmoins contrôlés, mis hors d'état d'agir politiquement contre l'État !

Il faut une représentation nationale. Je le sais. Je le sais mieux qu'eux. Mais le temps est venu des élites. Il ne s'agit plus d'une émulation de promesses. Il faut vivre dans la droiture et la loyauté. Le peuple, certes, aura voix au chapitre. Mais le travail dira son mot et les véritables serviteurs de l'État se feront entendre. Il ne faut penser qu'à l'ordre, et l'ordre c'est la conscience de tous...

Tiré de l'hebdomadaire *Gringoire*

18 novembre 1940

LES PROVINCES AUTONOMES

Allocution à la Chambre de Commerce de Lyon

Vous avez parlé de la région économique.

Vous avez dit ce que vous en attendiez.

Vous avez raison d'en attendre beaucoup. Ma première préoccupation, lorsque j'ai mis la main à la pâte, a été de faire disparaître les causes qui ralentissaient l'application de certaines mesures édictées par le gouvernement. Je me suis rendu compte, et vous avez dû vous en rendre compte aussi, qu'il était difficile d'administrer quatre-vingt-neuf départements, d'autant plus que les préfets étaient souvent les obligés des parlementaires qui les avaient fait nommer. Mais, hélas ! tous les parlementaires d'un département n'étaient pas toujours d'accord et cela amenait des tiraillements, des difficultés sans nombre dans l'administration du pays. Il y avait un désordre incroyable, disons le mot : la pagaïe. Je me suis dit qu'il fallait changer tout cela. Nous avons donc décidé de redonner aux préfets l'autorité dont ils ont besoin.

Nous organiserons les provinces, ou si vous préférez les régions, dans lesquelles on devra trouver tout ce qui est nécessaire à la vie. C'est pour cela que ces provinces réuniront cinq ou six départements, mais pas plus. Il y aura des consultations générales des organismes comme les vôtres, qui auront leur mot à dire, ainsi que les Chambres de Métiers. Cette division sera faite très prochainement ; il y aura sans doute une vingtaine de provinces. Tant que la paix n'est pas faite, nous sommes tenus à une certaine réserve.

Il faut se mettre dans la situation présente. Nous avons perdu la guerre et le gouvernement n'est pas toujours à l'aise dans ses prévisions. Je ne vous dis pas cela pour réclamer de l'indulgence pour mon gouvernement ou pour moi. Je ne réclame aucune indulgence, mais je serais enchanté que vous pensiez aux difficultés que nous avons.

À l'intérieur nous gardons les départements sous l'autorité des préfets qui seront des maîtres et qui ne recevront de consignes que du gouverneur qui, lui, les recevra du gouvernement.

Il y aura auprès du gouverneur un conseil composé de membres qu'il choisira dans toutes les corporations, qu'il consultera souvent, afin qu'il sache ce qui se passe dans sa province et ce dont elle a besoin.

Pour ce qui est de la cité, de la commune, j'aurai tendance à faire acte d'autorité, comme je l'ai déjà fait pour certaines villes, mais nous étendrons par contre l'autorité des maires.

Il faut du reste s'attendre à ce que les maires soient nommés par le gouvernement.

Dans l'organisation de l'État proprement dit, vous serez consultés, le pays le sera, je ne puis vous dire encore de quelle façon ; nous ferons appel, pour diriger le pays, à ceux qui lui ont rendu de grands services.

Tout le monde trouvera sa place et le devoir de chacun sera tracé.

Certes, il pourra y avoir quelques frictions entre les provinces et le gouvernement, et c'est pour cela que je voudrais créer une espèce de tribunal qui aura pour but de juger et de régler tous ces différends, comme cela se passe aux États-Unis. J'ai eu l'occasion, là-bas, de me rendre compte de l'efficacité de cette Cour suprême.

Voici, Messieurs, brossé à grands traits, le travail que nous poursuivons et que je voudrais terminer avant qu'arrive la discussion de la paix.

Quand commencera-t-elle ? Je ne le sais pas. Mais je puis vous dire que nous vous consulterons et que vous pouvez, d'ores et déjà, nous envoyer vos suggestions, venir à Vichy où je vous recevrai toujours pour parler de ces problèmes qui intéressent la vie de notre pays.

18 novembre 1940

LYON

On m'a accusé d'être l'ennemi des journalistes. Je veux vous prouver le contraire en vous recevant ce soir. Je n'ai pas beaucoup reçu de journalistes, parce qu'ils me font un peu peur. Pendant l'autre guerre, je n'ai pas voulu voir de députés. Je voyais rarement les journalistes.

Je voulais vous remercier pour la manière dont vous avez su exprimer le sens de ma visite à Lyon.

Vous avez compris qu'aujourd'hui la France est la France.

Ces acclamations, ces ovations enthousiastes, ce n'est pas à moi qu'elles s'adressent : c'est à la France.

Peu à peu, les Français ont entrevu la vérité. J'aurais fait ce voyage un mois plus tôt, la température n'aurait peut-être pas été la même.

J'ai été profondément touché par l'accueil de Lyon, ville réputée pour son calme, son labeur silencieux, son courage tranquille.

J'ai parcouru d'autres villes avant de venir ici. La chaleur des réceptions qui m'y étaient faites ne me surprenait pas. L'âme des Toulousains, par exemple, s'extériorise plus volontiers que celle des gens d'ici.

Or, à Lyon, mon voyage a été marqué par des manifestations d'une ampleur telle que je ne les oublierai jamais. Écoutez cette foule...

Si l'on a compris que quelque chose était changé, il ne faudrait pas croire que tout peut changer sur un seul mot de moi. Nous avons été vaincus. Notre défaite est lourde. Nous avons un tribut à payer. On me demande mille choses qui ne dépendent pas de moi et il faut bien faire le partage entre ce qui est en notre pouvoir et ce qui ne l'est pas.

Bien des difficultés ont été aplanies déjà à la suite de contacts directs. Le langage net et clair est le seul qui puisse se parler. Il ne faut pas se bercer d'illusions, si l'on ne veut pas être victime de désillusions.

C'est par le travail, le respect des traditions, l'ordre, la famille, que nous nous relèverons.

J'ai constaté avec plaisir que Lyon était dans la bonne voie : ses œuvres sociales et religieuses, ses écoles professionnelles, son goût pour la chose bien faite sont autant d'indices d'une reprise certaine.

On dirait que Lyon s'est donné, non pas à moi, mais à la France. Je le répète, cette visite m'a bouleversé. Je quitte cette ville en emportant l'impression qu'elle constituera, dans l'œuvre de redressement que j'ai entreprise, un des plus solides et des plus beaux bastions.

30 novembre 1940

LES RÉFUGIÉS LORRAINS

Français !

Depuis le 11 novembre, 70 000 Lorrains sont arrivés en zone libre ayant dû tout abandonner : leur maison, leurs biens, leur village, leur église, le cimetière où dorment leurs ancêtres, tout ce qui fait enfin l'intérêt de la vie.

Ils ont tout perdu, ils viennent demander asile à leurs frères de France.

Les voici au seuil de l'hiver, sans ressources, n'ayant plus comme richesse que la fierté de rester Français. Ils acceptent pourtant leur malheureux sort sans se plaindre, sans récriminer.

Ce sont des Français de grande race, à l'âme énergique, au cœur vaillant.

Un grand nombre d'entre eux sont des paysans. Installés au voisinage des frontières, ils ont, au cours des siècles, souffert plus que d'autres des rigueurs de la guerre. Je ressens, comme vous le ressentez vous-même, toute leur peine.

Le gouvernement fait ce qui est en son pouvoir pour soulager leur infortune et leur fournir les moyens de vivre et de travailler.

Mais les Lorrains méritent mieux ; il faut que l'accueil qui leur est fait soit l'accueil du cœur, celui que l'on réserve à des frères et à des parents aimés.

Que chacun s'ingénie à leur faire retrouver, là où ils seront placés, la douceur d'un foyer et l'ambiance de la grande amitié française.

Déjà, diverses propositions concernant propriétés, maisons, exploitations sont parvenues au Service des réfugiés.

Il faut, en plus, que dans chaque département d'accueil, vous recherchiez tout ce qui peut leur être offert pour adoucir leur sort. Partis avec un pécule infime et un maigre bagage, tout leur manque.

Que chacun de vous s'efforce donc de les aider, de les réconforter, de leur fournir du travail dans toutes les activités où ils peuvent s'employer. Que tout cela soit fait avec un enthousiasme ardent afin qu'ils sentent autour d'eux sympathie et affection.

De cet effort de solidarité à l'égard des compatriotes malheureux, nous sortirons meilleurs et plus unis.

24 décembre 1940

ALLOCUTION DE NOËL

Mes chers amis !

Il n'est pas encore minuit. Mais déjà, beaucoup d'entre vous veillent, comme ils veillaient au cours des années heureuses. Je viens leur tenir compagnie.

Pour la plupart d'entre vous, ce Noël sera triste.

Dans bien des foyers, des places resteront vides… des places d'êtres chers.

Beaucoup ne reviendront plus, qui s'asseyaient joyeux, l'année dernière, permissionnaires de dix jours, autour de la table de famille. Que notre première pensée soit pour eux : ils ont sauvé l'honneur.

D'autres attendent, loin de vous, prisonniers sur la terre étrangère. Peut-être entendront-ils, ce soir, la messe dans leurs camps ? Peut-être déploieront-ils, avec amour, le beau colis que vous leur avez envoyé ? Jamais, dans leur exil et dans leur solitude, ils n'ont été plus près de vous.

Je pense, aussi, ce soir, à tous ceux qui souffrent, à ceux qui ne mettent dans leur cheminée ni bûches, ni charbon, à ceux qui ont entendu, jadis, parler du réveillon et qui ne savent pas ce qu'ils mangeront demain, aux enfants qui ne trouveront pas de jouets dans leurs souliers, aux réfugiés qui n'entendront plus, cette année, la cloche de leur village.

Je pense aux pauvres, à tous les pauvres, à ceux des asiles de nuit et des soupes populaires, aux chômeurs, à tous les malheureux que l'Entr'aide d'hiver n'a pu secourir encore, à ceux qui se raidissent, à ceux qui s'abandonnent.

Mes enfants, Noël, ne l'oubliez pas, c'est la nuit de l'Espérance, c'est la fête de la Nativité.

Une France nouvelle est née. Cette France, ce sont vos épreuves, vos remords, vos sacrifices qui l'ont faite. Comme vous saurez la faire belle dorénavant !

Mes amis, ayez confiance, reprenez courage, faites, ce soir, le serment de participer de toutes vos forces à cette grande renaissance, pour que vos enfants connaissent, à nouveau, des Noëls dans la joie.

Serrez-vous, ce soir, autour de moi, pour que cette France, une France neuve et saine, grandisse et se fortifie.

Bientôt vous verrez luire l'étoile qui guidera votre destin.

Bon Noël, mes enfants.

Et vive la France !

29 décembre 1940

À LA JEUNESSE DE FRANCE

Jeunes Français !

C'est à vous, jeunes Français, que je m'adresse aujourd'hui, vous qui représentez l'avenir de la France, et à qui j'ai voué une affection et une sollicitude particulières.

Vous souffrez dans le présent, vous êtes inquiets pour l'avenir. Le présent est sombre, en effet, mais l'avenir sera clair, si vous savez vous montrer dignes de votre destin.

Vous payez des fautes qui ne sont pas les vôtres ; c'est une dure loi qu'il faut comprendre et accepter, au lieu de la subir ou de se révolter contre elle. Alors l'épreuve devient bienfaisante, elle trempe les âmes et les corps et prépare les lendemains réparateurs.

L'atmosphère malsaine dans laquelle ont grandi beaucoup de vos aînés a détendu leurs énergies, amolli leurs courages et les a conduits par les chemins fleuris du plaisir à la pire catastrophe de notre histoire. Pour vous, engagés dès le jeune âge dans des sentiers abrupts, vous apprendrez à préférer aux plaisirs faciles, les joies des difficultés surmontées.

Méditez ces maximes :

Le plaisir abaisse, la joie élève.

Le plaisir affaiblit, la joie rend fort.

Cultivez en vous le sens et l'amour de l'effort, c'est une part essentielle de la dignité de l'homme, et de son efficacité.

L'effort porte en lui-même sa récompense morale, avant de se traduire par un profit matériel, qui d'ailleurs arrive toujours tôt ou tard.

Lorsque vous aurez à faire choix d'un métier, gardez-vous de la double tentation du gain immédiat et du minimum de peine.

Visez de préférence aux métiers de qualité, qui exigent un long et sérieux apprentissage, ceux-là même où notre main-d'œuvre nationale accusait autrefois une supériorité incontestée.

Lorsque vous aurez choisi votre carrière, sachez que vous aurez le droit de prendre place parmi les élites. C'est à elles que revient le commandement, sur les seuls titres du travail et du mérite.

Dans cette lutte sévère pour atteindre le rang que vos capacités vous assignent, réservez toujours une place aux vertus sociales et civiques, à l'entr'aide, au désintéressement, à la générosité.

La maxime égoïste qui fut trop souvent celle de vos devanciers : chacun pour soi et personne pour tous, est absurde en elle-même et désastreuse en ses conséquences.

Comprenez bien, mes jeunes amis, que cet individualisme dont nous nous vantions comme d'un privilège est à l'origine des maux dont nous avons failli périr. Nous voulons reconstruire, et la préface nécessaire à toute reconstruction, c'est d'éliminer l'individualisme destructeur, destructeur de la Famille dont il brise ou relâche les liens, destructeur du Travail, à l'encontre duquel il proclame le droit à la paresse, destructeur de la Patrie dont il ébranle la cohésion quand il n'en dissout pas l'unité.

Seul le don de soi donne son sens à la vie individuelle en la rattachant à quelque chose qui la dépasse, qui l'élargit et la magnifie.

Pour conquérir tout ce que la vie comporte de bonheur et de sécurité, chaque Français doit commencer par s'oublier lui-même.

Qui est incapable de s'intégrer à un groupe, d'acquérir le sens vital de l'équipe, ne saurait prétendre à « servir », c'est-à-dire à remplir son devoir d'homme et de citoyen.

Il n'y a pas de société sans amitié, sans confiance, sans dévouement.

Je ne vous demande pas d'abdiquer votre indépendance, rien n'est plus légitime que la passion que vous en avez. Mais l'indépendance peut parfaitement s'accommoder de la discipline, tandis que l'individualisme tourne inévitablement à l'anarchie, qui ne trouve d'autre correctif que la tyrannie.

Le plus sûr moyen d'échapper à l'une et à l'autre, c'est d'acquérir le sens de la communauté sur le plan social comme sur le plan national.

Apprenez donc à travailler en commun, à réfléchir en commun, à obéir en commun, à prendre vos jeux en commun.

En un mot, cultivez parmi vous l'esprit d'équipe.

Vous préparerez ainsi le solide fondement du nouvel ordre français, qui vous liera fortement les uns aux autres, et vous permettra d'affronter allègrement l'œuvre immense du redressement national.

Mes chers amis, il y a une concordance symbolique entre la dure saison qui nous inflige ses privations et ses souffrances, et la douloureuse période que traverse notre pays, mais au plus fort de l'hiver, nous gardons intacte notre foi dans le retour du printemps.

Oui, jeunes Français, la France, aujourd'hui dépouillée, un jour prochain reverdira, refleurira.

Puisse le printemps de votre jeunesse s'épanouir bientôt dans le printemps de la France ressuscitée.

31 décembre 1940

MESSAGE DU JOUR DE L'AN

Mes chers amis !

L'année 1940 a pris fin.

Tournons-nous maintenant vers l'avenir.

L'année 1941 sera difficile. Elle doit être celle du relèvement de la France.

Elle le sera si vous vous serrez tous autour de moi, ayant la même foi dans la patrie, la même volonté de « servir ».

Je me suis donné à la France, c'est-à-dire à vous tous.

Nous aurons faim. La guerre nous a enlevé une part importante de nos récoltes. Le blocus nous prive d'un ravitaillement qui, dans les années qui précédaient la guerre, se chiffrait, chaque année, par plus de 6 millions de tonnes de denrées de toutes espèces et de toutes provenances.

La guerre continue ainsi que le blocus : il ne dépend pas de nous de les faire cesser.

N'écoutez pas ceux qui chercheraient à exploiter vos misères pour désunir la nation. Les mêmes procédés vous ont conduits hier à la guerre et à la défaite. Demain, nous remporterons une première victoire : nous remplacerons la critique par l'effort.

L'année 1941 doit être une année de travail acharné.

Je m'adresse d'abord aux paysans de France : il faut qu'ils tirent de la terre tout ce qu'elle peut donner. Toutes les friches doivent être remises en culture, même si le sol est ingrat. Les rendements doivent être augmentés en dépit de toutes les difficultés.

Nous y aiderons du mieux que nous pourrons. Mais que chacun compte d'abord sur soi-même. Qu'il comprenne la détresse profonde d'un pays dépouillé de tant de moyens que la guerre et le blocus ont détruits ou paralysés.

Je fais appel à l'ingéniosité des Français pour qu'ils improvisent eux-mêmes les moyens de compléter leur alimentation.

Je m'adresse maintenant aux ouvriers. Qu'ils ne se découragent pas. Leur sort sera dur. Nos stocks de matières premières s'épuisent.

Je ne puis savoir quelle quantité nous pourrons importer en 1941. Certaines industries risquent d'être totalement arrêtées.

Nous avons fait de notre mieux, et nous continuerons. Pour parer à cette situation, nous devons exploiter au maximum les ressources que nous pouvons tirer de nous-mêmes.

Que nos mineurs, nos bûcherons, nos carriers redoublent d'efforts. Et que tous les ouvriers, chômeurs ou non, sachent que le gouvernement de la Révolution nationale travaille à affranchir leur avenir de l'intervention du capitalisme étranger.

La France doit produire et transformer tout ce dont elle a besoin pour vivre et prospérer. Ce qui a été fait ailleurs en ce sens, peut et doit être fait chez nous. C'est une œuvre de longue haleine : elle est déjà commencée.

Au pays tout entier, je demande qu'il se pénètre de l'esprit nouveau qui doit refaire la grandeur de la patrie.

Il ne s'agit plus de reprendre un à un, quotidiennement, l'inventaire de nos sujets de mécontentement, de tout ramener à soi-même, d'attendre de l'État qu'il nous délivre de nos maux et qu'il nous dispense ses bienfaits.

Il faut penser aux malheurs de la patrie et à l'infortune de tous ceux qui souffrent plus que nous. Il faut aider la patrie à secourir nos compatriotes.

Aider la patrie, c'est avoir confiance en elle, c'est l'avoir présente constamment dans nos pensées, dans nos paroles et dans nos actes, ne rien accepter, ne rien dire et ne rien faire qui puisse lui nuire.

Secourir nos compatriotes, c'est nous donner sans arrière-pensée, sans réticences personnelles à cette solidarité matérielle et morale qui doit réunir tous les Français. C'est relever celui qui tombe, c'est ranimer celui qui s'abandonne, c'est ramener celui qui s'égare.

Je me suis promis à moi-même de ne connaître en France ni partis, ni classes. Je vous appelle tous à sortir de vos cadres, de vos routines, de vos préjugés, de vos égoïsmes, de vos rancœurs, de vos défiances, et je vous exhorte à vous grouper en Français solides qui veulent défendre leur terre et leur race.

J'adresse mes vœux fervents, par-delà les mers, aux populations de l'Empire et par-delà les frontières, à nos chers prisonniers.

La France continue.

Bonne année, mes chers amis !

1941

1er janvier 1941

ALLOCUTION AU CORPS DIPLOMATIQUE

Monsieur le Nonce,

Je suis particulièrement sensible aux vœux que Votre Excellence veut bien m'exprimer pour mon pays et pour ma personne, tant en son nom que comme l'interprète des sentiments du corps diplomatique. Je vous en remercie sincèrement, ainsi que vos éminents collègues.

La sympathie que vous inspirent les épreuves de la France, la foi que vous placez dans son redressement, la compréhension avec laquelle vous appréciez à cet égard mes efforts et ceux de mon gouvernement me touchent profondément.

L'année qui vient de s'écouler a été, en effet, pour mon pays une année sanglante, une année de souffrances et de deuil. Chacun de nous a le devoir d'en méditer le sens, mais il puisera dans cette méditation les raisons et la volonté d'espérer.

La France occupe une place trop grande dans la civilisation chrétienne de l'Occident pour que celle-ci puisse subsister sans elle. En retrouvant sa véritable tradition, sa vraie vocation, mon pays reprendra, j'en suis sûr, la place qui lui revient parmi les nations.

Ainsi que vous l'avez délicatement souligné, c'est à cette œuvre que s'emploie mon gouvernement, dont l'ambition est de promouvoir, dans une harmonieuse synthèse, la vie spirituelle, les forces morales et le sens national du pays.

La France sait qu'elle devra affronter des épreuves et des souffrances, mais elle veut faire confiance à l'avenir, croire au monde nouveau qui retrouvera une paix durable dans une compréhension mutuelle, un sage équilibre, le sens de la justice et le respect des grandes valeurs historiques.

Pour sa part, mon pays aspire à collaborer dans toute la mesure de ses moyens à l'édification de ce monde nouveau.

C'est dans ces sentiments qu'à mon tour j'adresse à Votre Excellence, ainsi qu'à vos collègues, les vœux très sincères que je forme pour le bonheur et la prospérité de vos personnes, de vos pays, des souverains et chefs d'État dont vous êtes les représentants.

1er janvier 1941

« IL N'Y A PAS DE DESTIN PUREMENT INDIVIDUEL. »

Dans les malheurs de la patrie, chacun de nous a pu se rendre compte qu'il n'y a pas de destin purement individuel, et que les Français n'existent que par la France.

Jetés hors de leurs maisons, loin de leurs champs, de leurs métiers, réduits à la condition de nomade, des millions de nos concitoyens ont appris, par une cruelle expérience, que l'homme réduit à lui seul est la plus misérable des créatures.

Dans ce naufrage de toutes leurs sécurités coutumières, c'est à ce qui restait de leurs villages, de leurs familles, de leurs foyers qu'ils ont demandé assistance, c'est vers ce qui subsistait encore de la nation qu'ils ont cherché secours.

Puisse cette grande et terrible leçon leur servir !

L'épreuve soufferte par le peuple français doit s'inscrire en traits de feu dans son esprit et dans son cœur. Ce qu'il faut qu'il comprenne pour ne jamais l'oublier, c'est que l'individualisme dont il se glorifiait naguère comme d'un privilège, est à l'origine des maux dont il a failli mourir. Il n'y aurait pas de relèvement possible si les fausses maximes de l'égoïsme politique, social, moral, spirituel devaient rester celles du nouvel État français, de la nouvelle société française.

Nous voulons reconstruire, et la préface nécessaire à toute reconstruction, c'est d'éliminer l'individualisme destructeur, destructeur de la « Famille » dont il brise ou relâche les liens, destructeur du « Travail », à l'encontre duquel il proclame le droit à la paresse, destructeur de la « Patrie » dont il ébranle la cohésion quand il n'en dissout pas l'unité.

Dressé systématiquement contre les groupes sociaux sur lesquels la personne humaine s'appuie et se prolonge, l'individualisme ne manifeste jamais de vertu créatrice. Il est à remarquer que les époques où l'individualisme règne sont celles qui produisent le moins d'individualités.

L'individualisme reçoit tout de la société et ne lui rend rien. Il joue vis-à-vis d'elle un rôle de parasite.

Quand elles sont fortes et riches, les sociétés peuvent supporter un certain degré de parasitisme. Lorsque ce degré est dépassé, la société s'effondre et ses parasites avec elle.

La nature ne crée pas la société à partir des individus, elle crée les individus à partir de la société, comme l'a démontré la sociologie moderne.

L'individu, s'il prétend se détacher de la société maternelle et nourricière, se dessèche et meurt sans porter fruit.

Dans une société bien faite, l'individu doit accepter la loi de l'espèce, l'espèce ne doit pas subir les volontés anarchiques des individus, et cela dans l'intérêt des individus eux-mêmes.

La première garantie des droits de l'individu réside dans la société.

Ayez une société solide, et dans laquelle le noyau social primitif, la famille, soit fort : les droits primordiaux de l'individu, religieux, domestiques, scolaires, y trouveront leur rempart.

Ayez des associations puissantes, des associations de métier notamment, et les autres droits essentiels auront en elles leur assiette et leur fondement.

L'association volontaire continue le bienfait de la société naturelle.

L'État, enfin, achève et couronne l'action tutélaire de la société et des associations.

Ayez un État fort, et tous ces droits distincts divers, contradictoires même ne feront pas de la Cité leur champ de bataille, parce que l'ordre public sera, lui aussi, pourvu d'un garant et d'un protecteur.

L'esprit nouveau doit être un esprit de communion nationale et sociale. Professer le nationalisme et prétendre rester individualiste est une contradiction insoutenable, où trop de nos devanciers se sont attardés, et qui devait finalement se révéler ruineuse.

Seul l'élan collectif donne son sens à la vie individuelle en la rattachant à quelque chose qui la dépasse, qui l'élargit et qui la magnifie.

Pour conquérir la paix et la joie, chaque Français doit commencer par s'oublier lui-même.

Qui est incapable de s'intégrer à un groupe, d'avoir l'esprit d'équipe, le sens vital de la coopération, ne saurait prétendre à servir, c'est-à-dire à remplir son destin d'homme.

Je ne veux pas voir autour de moi des hommes dont l'adhésion serait marquée au coin d'un avide égoïsme ou d'un conformisme paresseux. Ceux qui désirent collaborer avec nous doivent savoir qu'ils accomplissent un devoir, sans autre récompense que la satisfaction virile d'apporter leur pierre à la grande œuvre de la rénovation française.

Ils doivent aussi réapprendre à vivre et à agir en commun, en ouvrant leurs âmes toutes grandes aux puissants et bienfaisants effluves collectifs où se mêlent les héritages du passé et les appels de l'avenir.

« Il n'y a pas de philosophie plus superficielle que celle qui, prenant l'homme comme un être égoïste et viager, prétend l'expliquer et lui tracer ses devoirs en dehors de la société dont il est une partie. » (Renan)

Quel relèvement pourrait espérer un pays qui ne trouverait chez lui qu'égoïsme, isolement, sécheresse de cœur, indifférence ? Il serait frappé d'une sorte d'incapacité de vivre, car les sources de la vie seraient taries en lui. Il n'y a pas de société sans amitié, sans confiance, sans dévouement.

L'individualisme est venu se greffer sur notre goût naturel de l'indépendance, et a transformé une qualité certaine en un très grave défaut. L'indépendance peut parfaitement s'accommoder de la discipline, tandis que l'individualisme tourne inévitablement à l'anarchie, laquelle ne trouve d'autre correctif que le collectivisme. Mais deux erreurs contraires, embrassées tour à tour, ne font pas une vérité.

À la régénération de la France, il faut la base du devoir, d'un devoir librement consenti et courageusement accompli.

Mais, à cette volonté morale de redressement personnel, il nous appartient d'assurer des conditions politiques et sociales favorables. Nous y pourvoirons, car rien ne serait possible si les faux principes de l'individualisme restaient la philosophie même de l'État français.

Nous demandons au peuple français, d'abord de nous faire confiance, ensuite de nous comprendre et de s'aider lui-même en nous aidant.

Je l'ai vu, ce peuple français, j'ai communié intimement avec lui à Toulouse, à Montauban, à Lyon, à Arles, à Marseille, à Toulon, à Avignon. J'ai senti battre son cœur à l'unisson du mien. Il se rend clairement compte que nous ne voulons fonder notre autorité que sur la raison, sur l'intérêt public, sur l'évidence de l'utilité de notre action, comme de la vérité de nos principes.

À chacun de servir à son rang l'œuvre de la Révolution nationale. Que chacun remplisse consciencieusement son devoir d'état, sans jamais perdre de vue la grandeur et la noblesse de l'entreprise collective à laquelle il participe. L'action la plus modeste a de quoi combler le cœur de l'homme, s'il sait l'inscrire sur un assez vaste horizon.

Français à l'ouvrage, tous ensemble, d'un même effort d'une même ardeur, au service de la France.

Tiré de la *Revue universelle*

1er mars 1941

EN FINIR AVEC LA LUTTE DES CLASSES

Discours de Saint-Étienne

Ouvriers, techniciens, patrons !

Dans mon message du 10 octobre dernier, je vous ai dit que l'on ne peut faire disparaître la lutte des classes, si fatale à la nation, qu'en faisant disparaître les causes qui ont dressé ces classes les unes contre les autres.

Ces causes, c'est la menace du chômage et l'angoisse de la misère qu'elle fait peser sur vos foyers.

C'est le travail sans joie de l'ouvrier sans métier.

C'est le taudis dans la cité laide, où il passe les hivers sans lumière et sans feu.

C'est la vie de nomade sans terre, sans toit.

Telle est la condition prolétarienne. Il n'y aura pas de paix sociale tant que durera cette injustice.

En ce qui concerne l'organisation professionnelle, un texte de loi, si parfait qu'il soit, est impuissant à accomplir une réforme de cette ampleur. La loi ne saurait créer l'ordre social, elle ne peut que le sanctionner dans une entreprise, après que les hommes l'ont établi.

Le rôle de l'État doit se borner ici à donner à l'action sociale son impulsion, à indiquer les principes et le sens de cette action, à stimuler et orienter les initiatives.

En réalité, les causes de la lutte des classes ne pourront être supprimées, que si le prolétaire, qui vit aujourd'hui accablé par son isolement, retrouve dans une communauté de travail les conditions d'une vie digne et libre, en même temps que des raisons de vivre et d'espérer.

Cette communauté, c'est l'entreprise. Sa transformation peut seule fournir la base de la profession organisée qui est elle-même une communauté de communautés.

Cela exige qu'une élite d'hommes se donne à cette mission.

Ces hommes existent parmi les patrons, les ingénieurs, les ouvriers.

C'est à eux tous que je fais appel. Je leur demande :

1) de se pénétrer de la doctrine du bien commun au-dessus des intérêts particuliers, de s'instruire des méthodes d'organisation du travail capables de permettre à la fois un meilleur rendement et plus de justice, en donnant à chacun sa chance dans l'entreprise et dans la profession ;

2) de s'informer des réalisations sociales qui existent déjà et que des hommes clairvoyants et généreux ont su accomplir en dépit des difficultés de tous ordres qui, dans le passé, entravaient leurs efforts. Ainsi, peu à peu, et par l'action de tous, une œuvre définitive s'accomplira sous l'autorité et avec l'encouragement de l'État.

Pour entreprendre cette œuvre fondamentale, qui sera la vôtre, une large enquête sera faite, à laquelle prendront part tous ceux qui veulent se dévouer à la grande cause de la paix sociale dans la justice.

Tous les travailleurs, qu'ils soient patrons, techniciens, ouvriers, sont aux prises chaque jour avec des difficultés nouvelles, conséquences de la situation présente de notre pays.

Il est donc urgent qu'ils aient la possibilité de défendre leurs intérêts légitimes, d'exprimer leurs besoins et leurs aspirations. Il est indispensable de créer des organismes qui puissent résoudre vite les questions posées, ou, s'ils ne peuvent les résoudre eux-mêmes, donner à l'État les moyens de le faire sans que ses décisions soient paralysées par une connaissance insuffisante des problèmes, ou une organisation administrative trop lente à se mouvoir.

Tel devra être l'objet d'une première loi sur l'organisation professionnelle.

Elle se limite en fait à créer des organismes simples qui ne sont pas des organisations de classes, mais des comités sociaux où patrons, techniciens et ouvriers rechercheront ensemble les solutions des problèmes actuels, dans une commune volonté de justice, dans le souci constant d'apaiser par l'entr'aide les misères et les angoisses de l'heure.

Travailleurs français, je vous demande d'entendre mon appel.

Sans votre adhésion enthousiaste à l'œuvre de reconstruction sociale, rien de grand ne peut être fait. Sachez vous y donner avec un désintéressement total.

Ouvriers, mes amis, n'écoutez plus les démagogues, ils vous ont fait trop de mal.

Ils vous ont nourri d'illusions, ils vous ont tout promis, souvenez-vous de leur formule : « le Pain, la Paix, la Liberté ». Vous avez eu la misère, la guerre et la défaite.

Pendant des années, ils ont injurié et affaibli la patrie, exaspéré les haines, mais ils n'ont rien fait d'efficace pour améliorer la condition des travailleurs, parce que, vivant de leur révolte, ils avaient intérêt à encourager ses causes.

Ingénieurs, vous avez pensé trop souvent qu'il vous suffisait de remplir avec conscience votre fonction technique. Vous avez plus à faire, car vous n'êtes pas seulement des techniciens, mais des chefs. Comprenez bien le sens et la grandeur du nom de chef. Le chef, c'est celui qui sait à la fois se faire obéir et se faire aimer. Ce n'est pas celui qu'on impose, mais celui qui s'impose. N'oubliez pas que pour commander aux hommes, il faut savoir se donner.

Patrons, parmi vous beaucoup ont une part de responsabilité dans la lutte des classes.

Votre égoïsme et votre incompréhension de la condition prolétarienne ont été trop souvent les meilleurs auxiliaires du communisme.

Je ne vous demande pas de renoncer à tirer de vos entreprises le bénéfice légitime de vos activités, mais je vous demande d'être les premiers à comprendre vos devoirs d'hommes et de Français.

Ouvriers, techniciens, patrons, si nous sommes aujourd'hui confondus dans le malheur, c'est qu'hier vous avez été assez fous pour vous montrer le poing.

Cherchez au contraire à vous mieux connaître, vous vous en estimerez davantage, vous aurez confiance les uns dans les autres, vous résoudrez ensemble le grand problème du travail et de l'ordre social.

Renoncez à la haine, car elle ne crée rien ; on ne construit que dans l'amour et dans la joie.

En faisant de la France une société humaine, stable, pacifiée, vous serez les meilleurs artisans du redressement de la patrie.

14 mars 1941

LA RETRAITE

Français !

Je n'ai pas eu souvent l'occasion de vous annoncer de bonnes nouvelles. En voici une : la retraite des vieux entre en action. Le *Journal officiel* publiera demain la loi qui la consacre. Cette réforme était attendue depuis des années. Vingt fois elle vous avait été promise. Vingt fois elle fut ajournée.

Je tiens les promesses, même celles des autres, lorsque ces promesses sont fondées sur la justice.

La France va donc entreprendre un grand geste de sollicitude et d'équité.

Elle l'entreprend en faveur de ses vieillards, plus frappés que tous les autres par la dureté des temps.

Certes, elle ne pourra pas leur donner tout ce qui leur est nécessaire. Au moins leur donnera-t-elle ce qu'il lui est possible de donner.

Pour ceux qui ne possèdent rien, la modeste pension sera d'un grand soulagement. Pour ceux qui disposent déjà de quelques ressources, elle constituera le supplément qui les mettra à l'abri de la misère.

Plus tard, si Dieu le veut, nous pourrons peut-être améliorer cette loi. Mais il faudra que la situation économique le permette, que le travail ait repris son rythme normal.

Ne nous berçons pas d'illusions. L'État, je vous l'ai déjà dit, ne peut donner que ce qu'il reçoit. À lui seul, il ne peut forger la richesse. À lui seul, il ne peut créer la retraite. Ce n'est pas dans un pays ruiné par la guerre, atteint par la dénatalité que l'on peut, d'emblée, construire de grandes choses.

Ce ne sont pas, en effet, les pensions qui nourrissent, habillent et chauffent les vieux. Seul, le travail des jeunes peut y pourvoir, de ces jeunes qui cultivent le sol, tissent la laine et le coton, arrachent le charbon aux entrailles de la terre.

Pour que les vieilles générations puissent vivre dans le repos, il est nécessaire que les jeunes générations s'adonnent à un travail obstiné. Or, un pays qui n'a plus de jeunes, parce qu'il n'a pas d'enfants, ne peut entretenir ses vieux.

Ce sont là des vérités simples, des vérités claires, que vos maîtres ont sans doute oublié de vous enseigner.

La retraite des vieux travailleurs repose sur la solidarité de la nation : solidarité des classes, solidarité des âges.

Solidarité des classes, puisque les pensions sont constituées par les versements des assurances sociales, et que ces versements proviennent, à la fois, des patrons et des ouvriers.

Solidarité des âges, puisque ce sont les jeunes générations qui cotisent pour les vieilles.

Voilà donc une grande réforme sociale.

Deux autres sont sur le chantier.

L'une qui verra le jour prochainement a trait à l'organisation professionnelle.

L'autre qui tentera de résoudre le grand problème de l'habitation. Je vous en entretiendrai prochainement.

Travailleurs, depuis que j'apprends à vous connaître, j'ai le sentiment de vous mieux comprendre et de m'attacher à vous de plus en plus. Restons, les uns et les autres, au « coude à coude ». Les plus beaux espoirs nous seront permis.

19 mars 1941

LA NOUVELLE CONSTITUTION

Discours de Grenoble

Mes amis !

En cette journée consacrée à la France, les acclamations qui montent vers elle prouvent que vous avez foi en son destin, et que vous êtes prêts à tous les sacrifices pour assurer son relèvement.

La tâche est rude. Je m'en aperçois chaque jour. Huit mois de gouvernement m'ont appris à mieux connaître les hommes, à mieux apprécier l'orientation à donner aux problèmes qui nous sont posés à toutes les heures de la journée.

Mon œuvre et celle de mon gouvernement ne sont pas toujours exemptes de critiques.

La nombreuse correspondance qui parvient jusqu'à moi témoigne souvent d'inquiétudes et de déceptions. On se plaint, en particulier, des taxations, de l'insuffisance du ravitaillement, de l'épuisement des stocks. Je n'ai pas besoin de vous dire que ces questions sont l'objet de toutes nos préoccupations, et que nous comptons beaucoup sur l'aide américaine pour en faire bénéficier notre ravitaillement.

On se plaint des tracasseries de certaines administrations et du peu de courtoisie des fonctionnaires. Le gouvernement doit, en cela, prendre sa part de responsabilités, car les préfectures et les mairies sont submergées sous une foule de prescriptions et de décrets dont l'application, toujours urgente, ne laisse aucun répit aux fonctionnaires chargés de les interpréter.

Cette situation s'améliorera avec le temps et à mesure que les fonctionnaires acquerront de l'expérience.

Je vous demande d'être patients. Grenoble ne s'est pas construit en un jour.

Le redressement de la France demandera d'autant plus de temps que nous sommes en opposition d'idées avec un certain nombre de Français, qui n'ont pas encore compris la nécessité d'un ordre nouveau, et restent attachés à l'espoir d'un retour à la vie facile. Je vous le dis : ces Français se trompent. La France soumise aujourd'hui à de grandes difficultés de vie est menacée de mesures plus sévères encore. Elle ne s'en tirera qu'en s'astreignant à la discipline la plus rigoureuse.

Le gouvernement devra montrer beaucoup d'autorité, sans se soucier des résistances individuelles ou des coalitions d'intérêts.

J'ai le devoir de préparer, pour le jour où la France redeviendra libre, une Constitution nouvelle dont les principes sont admis. J'en construis jour par jour les piliers, ainsi que le statut des provinces.

En attendant sa promulgation, il faut gouverner.

Cette volonté de commander et de prendre des initiatives dans le sens du but que nous poursuivons, je voudrais l'insuffler à tous ceux qui participent au gouvernement ou qui détiennent une parcelle de l'autorité de l'État.

Je vous quitte, mes amis, avec un grand espoir. J'ai vu les foules de Toulouse, de Lyon, de Marseille, de Toulon, de Montpellier, de Saint-Étienne et du Puy.

De vos rangs je sens monter l'immense ferveur de la terre française.

J'entends battre tout près de moi le cœur du peuple de Paris, si digne dans l'acceptation du malheur commun.

J'entends la rumeur lointaine de la zone interdite, où plus que jamais l'on travaille, à la mine comme aux champs. Vers elle s'élève l'hommage de notre ardente affection.

J'entends vos prisonniers vous supplier de leur préparer, pour le retour, une France plus belle.

Dans un immense sursaut, le pays tout entier veut se racheter de ses défaillances, des abandons de son passé.

À la veille du printemps, songeons, mes amis, au renouveau de la nature. Travaillons plus, produisons davantage, pensons mieux. La France est un grand pays que l'infortune ne saurait abattre. Ensemble et d'un même cœur, crions notre amour de la Patrie. Vive la France !

7 avril 1941

L'UNITÉ NATIONALE

Français !

La première loi du patriotisme est le maintien de l'unité de la patrie.

Si chacun prétendait se faire une idée particulière de ce que commande le devoir patriotique, il n'y aurait plus ni patrie ni nation.

Seules subsisteraient des factions au service d'ambitions personnelles. La guerre civile, le morcellement du territoire, des discordes fratricides seraient la suite naturelle de cette division des esprits.

En vous rappelant cette loi sacrée de l'unité de la patrie, ce devoir de discipline, je ne fais que suivre l'exemple de tous les chefs qui ont dirigé la France dans les heures douloureuses.

Sous aucun régime depuis que la France existe, aucun gouvernement n'a accepté que le principe de l'unité nationale fût mis en cause. Henri IV, Richelieu, la Convention nationale ont écrasé, sans faiblesse, les menées qui tendaient à diviser la patrie contre elle-même.

Jeanne d'Arc fut l'héroïne de l'unité nationale.

L'orgueil de la France, c'est non seulement l'intégrité de son territoire, c'est aussi la cohésion de son Empire.

Le lien qui en unit, si étroitement, les éléments les plus divers ce sont les luttes, les sacrifices des meilleurs de vos fils qui l'ont créé.

Mais voici qu'une propagande subtile, insidieuse, inspirée par des Français, s'acharne à le briser. Un instant suspendu, les appels à la dissidence reprennent, sur un ton chaque jour plus arrogant. L'œuvre de mon gouvernement est attaquée, déformée, calomniée.

Je défends mon gouvernement.

Il y a cinq mois, j'envoyais en Afrique le chef le plus distingué de notre armée. À Alger, à Rabat, à Tunis, à Dakar, le général Weygand a fièrement montré ce qu'est et doit être l'unité française.

Il y a un mois, j'ai convié aux grandes responsabilités du pouvoir le chef de notre marine. Je le sais passionné de l'honneur et de l'intégrité de la France. L'amiral Darlan a toute ma confiance.

L'honneur nous commande de ne rien entreprendre contre d'anciens alliés.

Mais l'intégrité du pays exige que soient préservées les sources de notre ravitaillement vital, que soient sauvegardés les postes essentiels de notre Empire.

C'est contre ces nécessités que s'insurgent chaque jour les propagandistes de la dissidence.

La dissidence est née en juin 1940 du sursaut des Français d'outre-mer qui les poussait à poursuivre la lutte, du sentiment que la France ne saurait, sur son propre sol, entreprendre l'œuvre de redressement nécessaire.

À cette première erreur mise à profit par les chefs de la dissidence, se sont bien vite joints la volonté d'exploiter le désarroi des Français d'outre-mer, l'espoir de dresser le pays par un constant appel à l'indiscipline contre l'effort de relèvement national.

Du sang français a déjà coulé dans des luttes fratricides. C'en est assez.

À tous ceux qui, loin de la mère patrie ou dans la brousse équatoriale, ont résisté courageusement aux appels, aux pressions, aux menaces, j'adresse l'expression de la reconnaissance nationale. J'ajoute que la patrie reste ouverte à toutes les fidélités.

Aux Français qui s'interrogent et doutent, je demande de mesurer les progrès que notre pays a réalisés depuis neuf mois ; entre ces réalisations et les promesses trompeuses de la dissidence, leur choix sera vite fait.

Pour un Français, il n'y a pas d'autre cause à défendre ni à servir que celle de la France.

Si nous devons espérer, notre espoir est en nous. Il est en nous seuls. Il est dans notre attachement à notre sol, dans notre volonté de vivre, dans la fraternité étroite qui nous tient tous solidaires et unis.

Il n'y a pas plusieurs manières d'être fidèles à la France.

On ne peut pas servir la France contre l'unité française, contre l'unité de la mère patrie et de l'Empire.

Mon gouvernement est pleinement et absolument d'accord avec moi.

Il n'y a, aujourd'hui comme hier, qu'une France : c'est celle qui m'a confié son salut et son espoir.

Servez-la avec moi de tout votre cœur. Par là et par là seulement, nous assurerons son destin.

20 avril 1941

LES PAYSANS

Discours de Pau

Paysans français !

L'immense désastre matériel et moral qui a bouleversé notre malheureux pays et dont il souffre encore a atteint profondément la paysannerie. Celle-ci collabore, en ce moment, à la tâche la plus difficile et la plus urgente. C'est le ravitaillement des populations.

Pour permettre un meilleur équilibre entre les ressources des départements excédentaires et les besoins des départements déficitaires, le gouvernement a été amené à organiser des groupements provisoires qui, répondant à une nécessité immédiate, n'engagent nullement l'avenir de la constitution des provinces. En outre, afin de réduire les malentendus qui peuvent exister entre les services de ravitaillement et les producteurs des campagnes, une commission mixte sera établie dans chaque canton. Les maires ruraux et les groupements agricoles y seront représentés.

Ainsi sera fourni aux intéressés, producteurs et consommateurs, le moyen de faire connaître leurs doléances.

J'entends que les préfets fassent sentir leur autorité, aussi bien pour assurer la répartition équitable des produits entre les consommateurs, que pour empêcher toute tracasserie ou inquisition inutile à l'égard des producteurs de bonne foi.

Aux agriculteurs, je demande instamment, une fois assurée leur subsistance, de livrer exactement leurs produits à la consommation, et aux consommateurs de se plier volontairement aux réglementations qu'impose la dureté du temps présent. Il s'agit d'une discipline vitale pour tous.

Il est à désirer que, pour toutes ces questions, il y ait échange de conseils et de propositions entre les autorités intéressées. Les maires des chefs-lieux de canton et des communes rurales ont à faire face à une lourde tâche avec des moyens insuffisants. Je demande aux administrations de collaborer cordialement avec eux.

Dans l'ordre constructif, le gouvernement veut donner à la paysannerie la place qui lui a été trop longtemps refusée dans la nation. La corporation paysanne créée par la loi du 2 décembre 1940 va être progressivement organisée. Elle a pour objet de rassembler toutes les forces rurales françaises. Il est essentiel que ceux qui auront la charge de cette organisation soient eux-mêmes imprégnés d'un véritable esprit d'union.

Un nouveau statut social de la paysannerie sera établi : il donnera progressivement aux travailleurs des champs, ouvriers et petits exploitants, des avantages parfois différents dans leur nature, mais comparables en fait à ceux accordés aux travailleurs des villes.

Des travaux importants sont à réaliser en ce qui concerne l'équipement rural : électrification des campagnes, adductions d'eau, entretien des chemins ruraux.

La loi sur l'habitat rural permet de poursuivre l'amélioration des logements et des bâtiments d'exploitation.

L'extrême morcellement du sol dans certaines régions stérilise l'effort des hommes et provoque l'accroissement des friches. Par l'application d'une loi sur la reconstitution foncière promulguée récemment, les régions morcelées seront remembrées et leur production sensiblement accrue.

Enfin, grâce à un programme agraire méthodiquement conçu, nous développerons le nombre des propriétés paysannes ou familiales, qui favoriseront l'accès des salariés à l'exploitation et multiplieront ainsi, sur des bases solides, le nombre des belles familles terriennes.

Pour les agriculteurs, les artisans ruraux sont des auxiliaires indispensables. Attirés par l'industrie, leur nombre a fléchi un peu partout. Ce fléchissement paralyse les efforts des terriens dans le sens du progrès agricole. Il est de toute nécessité de reconstituer l'artisanat rural.

En l'absence de leur mari, les femmes des prisonniers ont pris dans l'exploitation la place du chef, ajoutant à leur labeur habituel des travaux particulièrement pénibles. Ces femmes ont des droits à notre respect et à notre reconnaissance. Leur sacrifice est d'autant plus méritoire qu'il est volontairement consenti.

Je me permets de donner ici quelques conseils.

Récriminer contre les petites erreurs inévitables, contre les difficultés inhérentes à la situation, ne servirait qu'à rendre la tâche de chacun plus pénible. Il est mieux de s'adapter aux circonstances présentes, de travailler d'arrache-pied, de produire le maximum, de ne rien gaspiller, d'utiliser tout ce qui peut encore servir et surtout d'observer la réglementation que la situation tragique du ravitaillement a imposée.

C'est la moralité de notre pays qu'il faut relever, et une moralité élevée ne s'accommode pas de petites combinaisons, d'entorses quotidiennes à la loi, de profits illicites que peut provoquer la pratique des « marchés noirs ».

Les crises agricoles du passé sont nées de l'absence d'une vraie politique terrienne. En réalité, la condition paysanne était dédaignée, l'enseignement agricole insuffisant.

Le régime nouveau veut changer tout cela. Une grande réforme est en préparation, qui fera à l'enseignement agricole une large place dès l'école primaire. Les instituteurs ruraux auront désormais à remplir une haute et belle mission.

Mais ces efforts ne serviront à rien si, en même temps, le terrien ne fait, lui aussi, des efforts pour sortir de son isolement, pour s'associer à ses pareils, pour moderniser ses méthodes et se prêter à toutes les formes professionnelles de l'entr'aide.

Dans la France nouvelle, nul ne sera sauvé s'il n'a d'abord travaillé à se réformer lui-même.

Le travail à la terre exige des qualités de décision ainsi que des dons d'observation et de prévision, car le labeur du paysan ne trouve pas toujours, comme celui de l'ouvrier, la récompense qu'il mérite et cette récompense n'est jamais immédiate.

Plusieurs mois séparent le labour de la récolte pendant lesquels il faut vivre d'espérances. Rien n'est certain aux champs. Le travail ne suffit pas. Il reste à protéger les fruits de la terre contre les caprices du temps, le gel, l'inondation, la grêle, la sécheresse.

Le citadin peut vivre au jour le jour. Le cultivateur doit prévoir, calculer, lutter. Les déceptions n'ont aucune prise sur cet homme que dominent l'instinct du travail nécessaire et la passion du sol. Quoi qu'il arrive, il fait face, il tient, c'est un chef.

De ce miracle chaque jour renouvelé, est sortie la France, nation laborieuse, économe, attachée à la liberté. C'est le paysan qui l'a forgée par son héroïque patience, c'est lui qui assure son équilibre économique et spirituel. Le prodigieux développement des forces matérielles n'a pas atteint la source des forces morales. Celles-ci marquent le cœur du paysan d'une empreinte d'autant plus forte qu'il les puise à même le sol de la patrie. C'est pourquoi il faut que le « paysan » soit hautement honoré, car il constitue, avec le soldat, les garanties essentielles de l'existence et de la sauvegarde du pays.

Ce n'est donc pas à vous, mes amis, qu'il faut demander de ne pas perdre courage. Si parfois rebutés par tant de difficultés, vous étiez tentés de limiter votre travail aux besoins de la famille, en pensant peut-être, qu'après tout, vous n'avez pas à vous sacrifier pour des citadins qui méconnaissent vos efforts, ou ne vous épargnent pas leurs critiques, éloignez une telle pensée qui ne serait pas digne de vous.

Paysans, mes amis, je vous fais confiance et je compte sur votre dévouement pour m'aider à relever la France et la sauver de la famine.

1ᵉʳ mai 1941

VERS LES CORPORATIONS

Discours de Commentry

Mes amis,

J'ai tenu à passer au milieu de vous cette journée du 1ᵉʳ mai, la première depuis l'armistice, afin de bien marquer le sens et l'importance que j'attache à l'idée du travail, autour de laquelle doit s'opérer, selon moi, la réconciliation de tous les Français.

Le 1ᵉʳ mai a été, jusqu'ici, un symbole de division et de haine. Il sera désormais un symbole d'union et d'amitié parce qu'il sera la Fête du Travail et des travailleurs.

Le travail est le moyen le plus noble et le plus digne que nous ayons de devenir maîtres de notre sort. Un homme qui sait accomplir une tâche avec courage et expérience représente toujours une valeur pour ses semblables. La plus saine fierté que l'on puisse éprouver est de se sentir utile par un travail bien fait. Aucun privilège de rang ou de fortune ne donne à quelqu'un autant de confiance dans la vie et de bienveillance à l'égard d'autrui.

Le travail répond à cette loi sévère de la nature que rien ne s'obtient sans effort.

Cette loi du travail a été marquée par une formule de malédiction : « Tu mangeras ton pain à la sueur de ton front. » C'est donc à tort qu'on a fait luire à vos yeux le mirage d'une cité future où il n'y aurait plus de place que pour le loisir et pour le plaisir.

Mais si le travail est pour l'homme un fardeau, il est aussi un bienfait ; il est, en effet, une condition de la bonne santé morale et physique, de l'équilibre et du développement des facultés humaines.

C'est une erreur de croire que l'on puisse conserver intacts ses dons ou ses facultés dans l'oisiveté. Nous ne développons nos capacités et n'augmentons nos forces que par l'exercice que nous leur donnons.

La même expérience vaut pour les nations et pour les individus. Une grande nation ne se fait pas par un privilège ou une faveur de la chance : elle se fait par le travail continu de tous ses enfants de génération en génération.

Un chef d'industrie, un patron, pour mériter le commandement dont il est investi, doit se considérer comme ayant charge d'existences et même, en un certain sens, charge d'âmes ; il doit avoir le souci majeur de la dignité, du bien-être, de la santé, du moral de ses collaborateurs et de leurs familles.

Il doit même faire un pas de plus, et, respectant la liberté de ses ouvriers, ne pas vouloir à toute force leur bien tel qu'il le conçoit, lui, mais tel qu'ils le conçoivent, eux.

Que veulent-ils donc au juste, les ouvriers, lorsque, délivrés de leurs mauvais bergers, ils s'interrogent dans l'honnêteté de leur conscience et dans la sincérité de leur cœur ?

Ils veulent d'abord :

S'évader de l'anonymat où ils ont été jusqu'ici trop souvent confinés ; ne pas vendre leur travail comme une marchandise ; ne pas être traités comme des machines, mais comme des êtres vivants, pensants, souffrants ; avoir avec leurs chefs des relations d'homme à homme.

Ils veulent ensuite :

Échapper à l'incertitude du lendemain ; être protégés contre les aléas du chômage ; trouver dans leur métier une sécurité ou, pour mieux dire, une propriété ; avoir la possibilité d'y avancer jusqu'à la limite de leurs aptitudes.

Ils veulent en outre :

Participer dans une mesure raisonnable aux progrès de l'entreprise à laquelle ils sont associés ; avoir une sauvegarde efficace contre les misères qui les guettent, lorsque survient la maladie ou lorsqu'arrive la vieillesse ; pouvoir élever leurs enfants et les mettre en état, selon leurs capacités, de gagner honorablement leur vie.

Toutes ces aspirations sont légitimes, et, dans l'ordre nouveau que nous préparons, elles devront être satisfaites. Elles pourront l'être sans grever les prix de revient d'une charge trop lourde, pour peu que l'esprit de collaboration porte son fruit naturel sous la forme d'un accroissement de la production en quantité et en qualité.

Cet ordre nouveau, en quoi consiste-t-il ?

Abandonnant tout ensemble le principe de l'individu isolé en face de l'État, et la pratique des coalitions ouvrières et patronales dressées les unes contre les autres, il institue des groupements comprenant tous les membres d'un même métier : patrons, techniciens, ouvriers.

Le centre du groupement n'est donc plus la classe sociale, patronale ou ouvrière, mais l'intérêt commun de tous ceux qui participent à une même entreprise.

Le bon sens indique en effet, lorsqu'il n'est pas obscurci par la passion ou par la chimère, que l'intérêt primordial, essentiel, des membres d'un même métier, c'est la prospérité réelle de ce métier.

Les artisans ont été les premiers à comprendre cette grande vérité et à la mettre en pratique. Il existe déjà parmi eux de nombreux essais de pré-corporations qui n'attendent que la consécration légale pour devenir des corporations véritables.

Moins répandue dans les milieux industriels, l'idée y a fait pourtant depuis quelques années des progrès sensibles. Partout où elle s'est introduite, elle a eu les effets les plus heureux.

L'expérience a montré que partout où les hommes de bonne foi, même issus de milieux sociaux très divers, se rencontrent pour une explication loyale, les malentendus se dissipent pour faire place à la compréhension, puis à l'estime, puis à l'amitié.

Lorsque dans chaque entreprise, ou dans chaque groupe d'entreprises, patrons, techniciens, ouvriers auront pris l'habitude de se réunir pour gérer en commun les intérêts de leur profession, pour administrer en commun leurs œuvres sociales, apprentissage, placement, qualification, allocations familiales, secours de maladie, retraites, logements ou jardins ouvriers, il ne tardera pas à se créer entre eux une solidarité d'intérêts et une fraternité de sentiments indestructibles.

Dès lors, l'union de la nation ne sera plus une formule trop souvent trompeuse, mais une réalité bienfaisante.

L'ordre social nouveau, tenant compte de la réalité économique et de la réalité humaine, permettra à tous de donner leur effort maximum dans la dignité, la sécurité et la justice.

Patrons, techniciens et ouvriers, dans l'industrie comme dans l'artisanat, formeront des équipes étroitement unies qui joueront ensemble, pour la gagner ensemble, la même partie. Et la France, sur le plan du travail comme sur tous les autres, retrouvera l'équilibre et l'harmonie qui lui permettront de hâter l'heure de son relèvement.

11 mai 1941

FÊTE DE JEANNE D'ARC

Français !

Portons aujourd'hui nos yeux sur la sainte de la patrie, dont la fête est celle de la nation tout entière.

Paysanne de nos marches de l'Est, fidèle à son sol, fidèle à son prince, fidèle à son Dieu, Jeanne a, de son étendard, tracé le plus lumineux sillon de notre histoire.

Évoquons ensemble les voix de Domrémy, la délivrance d'Orléans, la chevauchée de Champagne, le sacre de Reims, la blessure de Paris, les prisons de Beaulieu, de Beaurevoir et de Bouvreuil, le procès de Rouen, le supplice du Vieux-Marché.

Martyre de l'unité nationale, Jeanne d'Arc, patronne de nos villages et de nos villes, est le symbole de la France.

Aimons-la. Vénérons-la. Présentons-lui les armes de notre fidélité et de notre espoir.

15 mai 1941

NÉGOCIATIONS AVEC LES ALLEMANDS

Français !

Vous avez appris que l'amiral Darlan s'était récemment entretenu, en Allemagne, avec le chancelier Hitler. J'avais approuvé le principe de cette rencontre.

Ce nouvel entretien nous permet d'éclairer la route de l'avenir et de continuer les conversations engagées avec le gouvernement allemand.

Il ne s'agit plus, aujourd'hui, pour une opinion souvent inquiète parce que mal informée, de supputer nos chances, de mesurer nos risques, de juger nos gestes.

Il s'agit pour vous, Français, de me suivre sans arrière-pensée sur les chemins de l'honneur et de l'intérêt national.

Si, dans l'étroite discipline de notre esprit public, nous savons mener à bien les négociations en cours, la France pourra surmonter sa défaite et conserver dans le monde son rang de puissance européenne et coloniale.

25 mai 1941

LES MÈRES FRANÇAISES

Mères de famille françaises !

La France célèbre aujourd'hui la famille. Elle se doit d'honorer d'abord les mères.

Depuis dix mois, je convie les Français à s'arracher aux mirages d'une civilisation matérialiste. Je leur ai montré les dangers de l'individualisme. Je les ai invités à prendre leur point d'appui sur les institutions naturelles et morales auxquelles est lié notre destin d'homme et de Français.

La famille, cellule initiale de la société, nous offre la meilleure garantie de relèvement. Un pays stérile est un pays mortellement atteint dans son existence. Pour que la France vive, il lui faut d'abord des foyers.

Le foyer, c'est la maison où l'on se réunit, c'est le refuge où les affections se fortifient. C'est cette communauté spirituelle qui sauve l'homme de l'égoïsme et lui apprend à s'oublier pour se donner à ceux qui l'entourent.

Maîtresse du foyer, la mère, par son affection, par son tact, par sa patience, confère à la vie de chaque jour sa quiétude et sa douceur. Par la générosité de son cœur, elle fait rayonner autour d'elle l'amour qui permet d'accepter les plus rudes épreuves avec un courage inébranlable.

Mères de notre pays de France, votre tâche est la plus rude. Elle est aussi la plus belle.

Vous êtes, avant l'État, les dispensatrices de l'éducation. Vous seules savez donner à tous ce goût du travail, ce sens de la discipline, de la modestie, du respect qui fait les hommes sains et les peuples forts. Vous êtes les inspiratrices de notre civilisation chrétienne.

Et voici qu'aujourd'hui dans nos deuils, dans nos misères, vous portez la plus lourde croix.

Mères de France, entendez ce long cri d'amour qui monte vers vous.

Mères de nos tués, mères de nos prisonniers, mères de nos cités qui donneriez votre vie pour arracher vos enfants à la faim, mères de nos campagnes, qui, seules à la ferme, faites germer les moissons, mères glorieuses, mères angoissées, je vous exprime aujourd'hui toute la reconnaissance de la France.

Juin 1941

DE L'UNION NATIONALE À L'UNITÉ FRANÇAISE

La France souffre dans sa chair et dans son âme ; elle voit les meilleurs de ses fils retenus prisonniers au loin, alors qu'elle aurait tant besoin de toutes ses belles forces de travail et de dévouement pour une vie nouvelle. C'est une grande peine pour nous de n'avoir pu encore abréger cet exil pour ceux qui ont vaillamment combattu.

À cette peine qui nous reste sans cesse présente, se mêle pourtant un sentiment de fierté quand nous voyons nos prisonniers s'élever au-dessus de leur triste condition par leur travail, méditer sur les causes de la défaite et se préparer, par un effort soutenu, à remplir la tâche qui les attend. Ni les misères dont ils souffrent, ni les malheurs de la France ne les ont découragés. Ils conservent la même foi profonde dans les destinées de notre pays, les paroles que vous nous apportez du fond de l'Allemagne nous les montrent unissant leurs forces pour se donner aux tâches positives du nouveau régime.

Nous voulons ce dont ils rêvent dans leur exil et nous travaillons, dès maintenant, à le faire : un État fort, qui se limite lui-même en respectant les droits de la conscience, en incorporant à sa mission les valeurs spirituelles et les sociétés naturelles du foyer et de l'atelier. Des libertés qui fortifient nos familles, par la réforme de l'enseignement et des successions, et notre travail, par l'organisation corporative. Des lois nationales qui nous affranchissent du règne des politiciens et de la domination de l'argent. Une réforme intellectuelle et morale qui oppose à la facilité le sens de l'effort ; au danger de la paresse, la dignité du travail ; à l'abandon de la jeunesse, son élévation dans l'espérance et la foi ; à l'égoïsme contagieux, la primauté de la patrie.

Sous le coup de la défaite, l'union nationale s'est faite d'elle-même ; nous nous sommes serrés les uns contre les autres pour y trouver une protection commune. Mais ce rapprochement n'a été qu'un mouvement instinctif, une promesse d'entr'aide dans le relèvement.

La Révolution nationale exige de nous davantage ; elle ne se poursuivra pas sans l'unité française. Cette unité française, nous la voulons territoriale, sociale, historique et spirituelle. L'unité de la France, en ses nombreuses régions, était bien faite, la mieux faite de toute l'Europe, et voilà pourtant la France de nouveau divisée dans son corps. Malgré cette dispersion, nous devons penser sans cesse à la France prisonnière, à la France occupée, porter de l'une à l'autre la flamme d'un même amour, leur donner à garder une mémoire pareille de l'événement, propager en elles une même conscience de nos devoirs. Nous voyons aussi l'unité française nécessaire, au-delà de l'antagonisme des classes, par la suppression du parasitisme et de la triste condition de prolétaire, dans un ordre social nouveau fondé sur le service.

Cependant, il nous faut surmonter aujourd'hui et demain la diversité de nos vocations, pour faire de l'unité française quelque chose de complet dans son choix, de décidé dans son action, d'inébranlable dans ses résistances. Les prisonniers, instruits par le malheur, ont bien senti qu'il fallait en passer par-là. C'est ainsi qu'ils sont allés, d'un pur sentiment d'union nationale, aux voies constructives de l'unité française. Dans l'attente de leur retour et de leur collaboration nécessaire, le pays saura comprendre la portée de ce bel exemple.

Préface à un recueil de « paroles de prisonniers »

4 juin 1941

L'ORGANISATION CORPORATIVE

Discours prononcé au Comité d'organisation professionnelle

Messieurs,

Je suis heureux de vous souhaiter la bienvenue.

Représentants choisis parmi les patrons, les techniciens, les ouvriers, les employés de l'industrie, du commerce et de l'artisanat, je vous ai réunis pour que vous étudiiez et me proposiez les éléments d'un statut d'organisation du travail.

L'œuvre que vous allez entreprendre est l'une des plus importantes pour le relèvement de la France. L'organisation de la profession doit être, en effet, avec celle des communes et des provinces, l'un des fondements de l'État. Elle parachèvera et consacrera la Révolution nationale.

Mes idées sociales vous sont connues. Elles viennent du vieux fonds français où l'amour de la justice est toujours exigeant, mais fut toujours guidé par le sens de la mesure et par l'instinct de la durée. Vous aurez à les traduire en articles de règlement général, laissant à la profession organisée le soin d'édicter et d'adapter les règles particulières à chaque métier.

Vous allez confronter et discriminer les résultats des expériences que le monde français du travail a faites depuis 50 ans. Vous devrez les juger à la lumière des malheurs de la patrie. Vous rejetterez ce qui est mauvais ; vous retiendrez ce qui est utilisable pour l'établissement de l'ordre social nouveau.

Il s'agit de mettre fin à cet esprit revendicatif qui, passant du social au politique et réciproquement, nous a perdus parce qu'il nous a dissociés et décomposés. Les mœurs et les pratiques qui sévissaient dans les rapports du capital et du travail procédaient des mœurs et des stratagèmes du régime des partis qui étaient autant de syndicats politiques.

Il s'agit, comme je l'ai déjà dit, d'abandonner la pratique des coalitions dressées les unes contre les autres, par conséquent de réviser ou de supprimer les rouages ou les organes qui y conduisent inéluctablement et de créer, au contraire, des organes propres à engendrer la collaboration.

Les coalitions ouvrières et patronales étaient la résultante et la preuve chaque jour plus caractérisée d'un État faible, incapable, par essence ou calcul de clientèle électorale, d'établir des rapports de justice entre l'employeur et l'employé, ou impuissant à faire respecter les conventions intervenues.

C'est pourquoi le monde du travail avait, lui aussi, ses avocats et même ses diplomates.

Un État fort, tirant son autorité de ses principes, de sa volonté, de sa capacité d'assurer la justice dans le droit social, comme dans le droit civil, rend désormais inutiles ces formations de combat qui usurpaient les fonctions justicières de l'État faible.

L'organisation professionnelle que vous allez élaborer ne peut donc rien retenir de ce qui engendrait la lutte des classes ou de ce qui en procédait.

Vous écarterez tout ce qui est de nature à y ramener, car la lutte des classes est le prélude de la guerre civile, à échéance plus ou moins éloignée.

Vos travaux devront s'inspirer des principes énoncés dans mes derniers discours, en particulier à l'occasion de la Fête du Travail.

Ils devront s'accorder avec le plan d'ensemble en voie de réalisation.

Déjà, une commission du Conseil national vous a précédés dans cette salle, pour étudier l'organisation des provinces ; d'autres commissions viendront après vous, pour me donner leur avis sur la révision de la loi municipale, pour jeter les bases de la Constitution, pour travailler, en d'autres domaines, à la reconstruction de l'État.

Cet État sera hiérarchique et autoritaire, fondé sur la responsabilité et le commandement, s'exerçant de haut en bas, à tous les échelons de la hiérarchie, s'appliquant à des objets concrets et à des intérêts précis, s'inspirant des principes sociaux, politiques et spirituels qui ont fait la cohésion et la grandeur de la nation française.

Votre comité prend donc place, naturellement, parmi les équipes dont je sollicite l'expérience et les conseils, pour m'aider à redonner à la France l'armature et l'architecture qui lui permettront de traverser l'épreuve et de retrouver sa foi ardente dans l'avenir.

J'ai la conviction que vous me proposerez une œuvre sage et hardie, construite avec des réalités françaises, et de nature à rallier tous les ouvriers, techniciens, artisans et patrons qui ont compris les causes de la défaite et qui en redoutent les conséquences.

Pour mener à bien votre étude, ayez présente à l'esprit la riche diversité des entreprises françaises.

Sans doute, celles qui, dans l'industrie et le commerce, détiennent la prépondérance du nombre ont tenté une expérience d'organisation professionnelle, parce qu'elles en sentaient plus vivement et plus légitimement le besoin. Mais la petite et la moyenne industrie, le petit et le moyen commerce et l'artisanat, sous leurs multiples aspects, comprennent l'immense majorité des travailleurs épars qui, intégrés dans la profession organisée, seront un facteur incomparable d'équilibre économique et national.

Patrons, artisans, techniciens, employés, ouvriers, oubliez vos origines ; oubliez vos divisions du passé.

Donnez un grand exemple de collaboration. Unissez vos cœurs, vos intelligences et vos efforts pour étudier une organisation professionnelle digne de la France nouvelle.

8 juin 1941

FRANÇAIS DU LEVANT

Français du Levant !

Les pays où vous vivez, et pour la prospérité desquels vous vous dévouez depuis de longues années, sont aujourd'hui l'objet d'une attaque inqualifiable.

Cette attaque est menée, comme à Dakar, par des Français placés sous le drapeau de la dissidence. Soutenus par les forces impériales britanniques, ils n'hésitent pas à verser le sang de leurs frères qui défendent l'unité de l'Empire et la souveraineté française.

À la douleur que lui cause cette constatation, la France, fidèle à ses déclarations, peut, en toute certitude, opposer la fierté de n'avoir pas, la première, porté les armes contre son ancienne alliée, pas plus aujourd'hui que naguère à Mers el-Kébir, à Dakar ou à Sfax.

La ruse a précédé cette violence.

Depuis plusieurs jours, en effet, la propagande, qui forgeait le prétexte de l'agression, prétendait que des troupes allemandes débarquaient en grand nombre dans nos ports du Levant, que la France se préparait à livrer à l'Allemagne les territoires dont la défense vous est confiée.

Vous qui êtes sur place, vous savez que tout cela est faux.

Vous savez que les quelques avions qui avaient fait escale sur nos territoires ont aujourd'hui quitté la Syrie, à l'exception de trois ou quatre hors d'état de voler.

Vous savez qu'il n'y a pas un soldat allemand ni en Syrie, ni au Liban.

Vous êtes donc l'objet d'une agression profondément injuste devant laquelle notre conscience se révolte. C'est aujourd'hui seulement que la souveraineté française au Levant est, pour la première fois, menacée. Vous pouvez m'en croire.

Votre haut-commissaire vous l'a déjà dit, je vous le répète : vous combattez pour une cause juste, celle de l'intégrité des territoires dont l'histoire, confirmée par le mandat de 1919, a légué la charge à la patrie. Vous saurez les défendre. Mes vœux et ceux de la France entière vous accompagnent.

17 juin 1941

UN AN DÉJÀ

Français !

Le 17 juin 1940, il y a aujourd'hui une année, j'adressais mon premier appel à la France.

Le disque qui l'enregistra va tourner devant vous. Entendez-le. Il vous replacera dans l'atmosphère du jour où cet appel fut prononcé.

[*Émission du message*]

Voilà ce que, d'une voix cassée par l'émotion, je vous disais le 17 juin 1940.

Ma voix aujourd'hui s'est raffermie car la France se relève. Mais bon nombre de Français se refusent à le reconnaître. Croient-ils vraiment que leur sort est plus tragique qu'il y a un an ?

Français, vous avez vraiment la mémoire courte. Souvenez-vous de ces colonnes de fuyards, comprenant des femmes, des enfants, des vieillards, juchés sur des véhicules de toute nature, avançant au hasard, dominés par la crainte et la volonté d'échapper à l'ennemi, s'arrêtant le soir sur un côté de la route, hommes et bêtes harassés de fatigue et obligés de repartir le lendemain de bonne heure afin de ne pas perdre leur place dans la colonne. Quelle épreuve pour ces braves gens et quelle angoisse lorsque des mitrailleuses venaient survoler la colonne.

Aujourd'hui, vous avez pour la plupart regagné vos foyers. Sans doute les prisonniers n'y sont pas encore rentrés, les femmes luttent et souffrent, le ravitaillement se fait mal, les taxations vous exaspèrent, vos enfants ne mangent pas toujours à leur faim, mais la France vit, les maisons, les ponts, les usines se reconstruisent.

Faut-il vous dire l'immense effort de notre agriculture qui, malgré l'absence d'un million d'agriculteurs prisonniers, a remis en culture un million d'hectares nouveaux ? Faut-il vous dire que notre jeunesse a raidi ses muscles et son âme, que la pureté, l'idéal, l'esprit de sacrifice s'imposent chaque jour avec plus de force, avec plus de rayonnement ? Faut-il vous rappeler le jugement que portent sur notre pays les nations neutres, l'hommage qu'elles rendent à notre premier redressement ?

Croyez-moi. Le moment n'est pas venu de vous réfugier dans l'amertume ou de sombrer dans le désespoir. Vous n'êtes ni vendus, ni trahis, ni abandonnés.

Ceux qui vous le disent vous mentent et vous jettent dans les bras du communisme.

Vous souffrez et vous souffrirez longtemps encore, car nous n'avons pas fini de payer toutes nos fautes. L'épreuve est dure. Beaucoup de bons Français, et parmi eux les paysans et les ouvriers, l'acceptent avec noblesse. Ils m'aident aujourd'hui à supporter ma lourde tâche.

Mais il me faut mieux encore. Il me faut votre foi, la foi de votre cœur, la foi de votre raison. Il me faut votre sagesse et votre patience. Vous ne les acquerrez que dans la discipline que je vous impose et dont seuls les oublieux de notre histoire ou les adversaires de notre unité cherchent à s'évader.

Rappelez-vous surtout que vous êtes des hommes, les hommes d'une vieille et glorieuse nation. Ressaisissez-vous. Chassez vos alarmes. Venez à moi avec confiance. Tous unis, nous sortirons de la nuit où nous a plongés l'affreuse aventure.

8 juillet 1941

PRÉPARATION DE LA CONSTITUTION

Messieurs,

Je vous ai réunis pour m'aider à élaborer la Constitution nouvelle qui doit être soumise à la ratification de la Nation. C'est une entreprise difficile car il faut qu'elle exprime avec plénitude la signification de la Révolution nationale, qu'elle en marque fortement le but et la nécessité.

Depuis cent cinquante ans, la France a connu et pratiqué successivement quinze régimes constitutionnels différents. Ils ont duré, les uns une année ou cent jours, d'autres trois ou quatre ans, d'autres une demi-génération, le dernier soixante-cinq ans. Ils sont séparés les uns des autres, on pourrait dire engendrés, par des révolutions ou des défaites. En cinq générations la France a donc passé alternativement des régimes les plus autoritaires aux régimes les plus libéraux, de la dictature conventionnelle ou napoléonienne au régime de la liberté réglée ou de la liberté déréglée, de la Monarchie à l'Empire, de l'Empire à la République démocratique qui a fini dans l'impuissance de décider et même de délibérer. Il faut que cette expérience soit sans cesse présente à votre pensée pour reconstruire un pays longtemps voué aux changements, à l'instabilité et finalement installé dans l'incertitude, la surenchère des partis et la hargne générale.

Les circonstances, dans lesquelles elle vient d'être interrompue une fois de plus, comportent une leçon et peut-être un dernier avertissement. Le régime électoral représentatif, majoritaire, parlementaire, qui vient d'être détruit par la défaite, était condamné depuis longtemps par l'évolution générale et accélérée des esprits et des faits dans la plupart des pays d'Europe et par l'impossibilité démontrée de se réformer. En France, il donnait tous les signes de l'incohérence attestée par la substitution chronique des décrets-lois à la procédure législative régulière. L'inconscience en matière de politique étrangère ajoutait à ces signes un présage de catastrophe. Cette catastrophe est une conclusion ; nous sommes dans l'obligation de reconstruire.

La vigueur et la durée de la Constitution que nous allons élaborer dépendront des principes mis à sa base, de l'organisation nouvelle et de l'articulation des éléments sociaux composant la nation, de la formation et de la définition d'un nouveau corps politique qui devra être radicalement différent de celui qui était le moteur sans frein et sans responsabilité de l'ancienne Constitution, de la foi de la France dans ses destinées, d'une foi ravivée dans ses possibilités propres, au milieu d'un monde transformé par un bouleversement social et politique dont on ne peut encore ni entrevoir la fin, ni prévoir les conséquences, mais qui, quelles qu'elles soient, ne doivent pas empêcher notre pays de trouver de nouvelles raisons de vivre.

Pour des raisons de tous les ordres et d'une extrême complexité, la France est entrée dans une des grandes crises de son histoire. Voilà le fait qui domine et commande toute la Révolution nationale ; voilà le point de départ de la Constitution nouvelle qui sera œuvre organique et durable ou travail artificiel et éphémère.

Les problèmes à résoudre découlent les uns des autres.

Le premier consiste à remplacer le « peuple souverain » exerçant des droits absolus, dans l'irresponsabilité totale, par un peuple dont les droits dérivent de ses devoirs.

Un peuple n'est pas un nombre déterminé d'individus, arbitrairement comptés au sein d'un corps social et comprenant seulement les natifs du sexe masculin parvenus à l'âge de raison.

L'expérience décisive et concluante montre que cette conception n'aura été qu'un intermède relativement court dans l'histoire de notre pays initiateur du système, beaucoup plus court encore dans celle de la plupart des pays européens qui l'ont imité par étapes successives.

Un peuple est une hiérarchie de familles, de professions, de communes, de responsabilités administratives, de familles spirituelles, articulées et fédérées pour former une patrie animée d'un mouvement, d'une âme, d'un idéal, moteurs de l'avenir, pour produire, à tous les échelons, une hiérarchie des hommes qui se sélectionnent par les services rendus à la communauté, dont un petit nombre conseillent, quelques-uns commandent et, au sommet, un chef qui gouverne.

La solution consiste à rétablir le citoyen, juché sur ses droits, dans la réalité familiale, professionnelle, communale, provinciale et nationale. C'est de cette réalité que doit procéder l'autorité positive et sur elle que doit se fonder la vraie liberté, car il n'y a pas, il ne doit pas y avoir de liberté théorique et chimérique contre l'intérêt général et l'indépendance de la nation.

Je me propose de recomposer un corps social d'après ces principes. Il ne suffira plus de compter les voix. Il faudra peser leur valeur pour déterminer leur part de responsabilité dans la communauté. Ces premiers principes donnent à la Révolution nationale une de ses significations essentielles.

Qu'est-ce que la Révolution nationale ? Sa définition doit inspirer toutes les parties de la Constitution.

Une révolution véritable n'est jamais un accident. « Les révolutions qui arrivent dans les grands États, dit Sully, ne sont pas un effet du hasard ni du caprice des peuples. » La catastrophe est la conclusion des fautes, des erreurs, des illusions, des égoïsmes et des incapacités accumulées.

La Révolution nationale signifie la volonté de renaître, affirmée soudain, du fond de notre être, un jour d'épouvante et de remords.

Elle marque la résolution ardente de rassembler tous les éléments du passé et du présent qui sont sains et de bonne volonté pour faire un État fort, de recomposer l'âme nationale, dissoute par la discorde des partis, et de lui rendre la confiance aiguë et lucide des grandes générations privilégiées de notre histoire, qui furent souvent des générations de lendemains de guerres civiles ou de guerres étrangères.

La Constitution ne doit pas se borner à être un ensemble de règles précises et sèches. Pour répondre à la grande attente du peuple français et au grand devoir qui m'incombe, elle doit être cohérente, convaincante, éducative ; elle doit avoir une « vertu d'enseignement » qui est le caractère distinctif des bonnes lois.

L'école est le prolongement de la famille. Elle doit faire comprendre à l'enfant les bienfaits de l'ordre humain qui l'encadre et le soutient. Elle doit le rendre sensible à la beauté, à la grandeur, à la continuité de la patrie. Elle doit lui enseigner le respect des croyances morales et religieuses, en particulier de celles que la France professe depuis les origines de son existence nationale.

J'ai dit à maintes reprises que l'État issu de la Révolution nationale devait être autoritaire et hiérarchique. De quelle autorité doit-il s'agir ? Que faut-il entendre par hiérarchie ?

Hier, l'autorité procédait du nombre, incompétent, périodiquement tourbillonnant. Elle s'obtenait par le moyen d'une simple addition. Aujourd'hui, majorité et minorité gisent sous les mêmes décombres.

L'autorité, au nom de laquelle la Constitution déléguera le pouvoir et le commandement, doit procéder d'abord du principe immuable, qui est le fondement de la formation, du développement, de la grandeur et de la durée de tous les groupes naturels sans lesquels il n'y a ni peuple, ni État, ni nation. Vous aurez à me donner votre avis sur la formule de ce principe.

L'autorité doit procéder en second lieu de tout ce qui, dans un peuple, représente la durée qui relie le passé à l'avenir et assure la transmission de la vie, du nom, des biens, des œuvres, en même temps qu'un idéal et une volonté commune et constante. Cette source de l'autorité au second degré, vous la trouverez dans la famille, dans la commune, qui est une fédération de familles, dans les métiers, dans les professions organisées, dans les pays fédérés en provinces, qui ont marqué l'esprit français d'une empreinte indélébile au point que chacun se vante d'être de celle-ci et non de celle-là.

Par État hiérarchique j'entends le remembrement organique de la société française. Ce remembrement doit s'opérer par la sélection des élites à tous les degrés de l'échelle sociale. Cette sélection doit être exprimée par la restauration de l'honneur du métier et la restauration de l'honneur de toutes les catégories de la nation.

La sélection des chefs peut se faire et elle a lieu en réalité dans toutes les conditions, les plus humbles comme les plus hautes. La Constitution devra la favoriser et la situer en déterminant sa fonction dans tous les rouages de la société, de la base au sommet.

Elle rétablira cette qualification générale des Français, qui a donné à notre pays la plus solide structure, en fondant le droit de citoyenneté non plus sur l'individu épars et abstrait, mais sur la position et les mérites acquis dans le groupe familial, communal, professionnel, provincial et national, sur l'émulation dans l'effort, sur l'intelligence tendue vers le bien de la communauté, sur les services rendus dans tous les cadres de l'activité humaine.

Mais la hiérarchisation d'une société implique l'exercice de la responsabilité à tous les échelons. Être responsable, c'est être capable de répondre de ce qu'on fait. Le sentiment de la responsabilité est la caractéristique de l'être sain et normal. Le goût de la responsabilité est le signe distinctif du chef. Le besoin de responsabilités de plus en plus grandes exprime le pouvoir d'ascension d'un homme dans la hiérarchie sociale et nationale.

La compétition pour l'avancement dans un métier, dans un corps, dans une administration, sans la conscience claire du degré croissant de responsabilité, est la preuve d'une société en décomposition ou le symptôme d'un État malade.

La Constitution et les lois organiques qui la compléteront, que ce soit les lois communales ou provinciales, la charte des corporations, le statut des fonctionnaires, devront marquer nettement le degré de responsabilité afférent aux divers postes de la hiérarchie correspondante et déterminer les sanctions applicables à tous les cas de manquement ou d'incapacité.

Nous avons pratiqué un régime politique où le principe de l'irresponsabilité était posé de la base au sommet de l'État : irresponsabilité du corps électoral, irresponsabilité du pouvoir législatif, irresponsabilité du pouvoir exécutif (sauf pour le cas de haute trahison, celui d'incompétence n'étant pas retenu). C'est pourquoi nous en sommes sortis par la porte du malheur.

La question capitale qui se pose à nous aujourd'hui est de savoir quel type de structure sociale nous devons et nous voulons instaurer pour servir de soubassement à une construction politique qui doit affronter un avenir redoutable.

Ne nous contentons pas d'abroger ce qui fut nocif et qui est mort ; faisons du neuf avec les valeurs concrètes et permanentes que le pays garde et met à notre disposition.

Nous n'avons pas le choix entre des opinions, des vues, des désirs, des regrets, des illusions et les exigences précises, implacables, du salut de la patrie. La grandeur de notre tâche doit nous donner le courage de surmonter les difficultés qu'elle comporte.

Le salut de la patrie étant la suprême loi, c'est sur elle que se fonde la légitimité de la Révolution nationale et de la Constitution qui lui donnera son armature et son couronnement.

Au cours des années où notre destin allait à la dérive, le peuple a été sourd aux avertissements. Qu'il m'entende aujourd'hui si je lui dis que demain il ne se relèvera que par la trêve des disputes vaines sur le régime idéal qu'il cherche depuis cent cinquante ans.

Le meilleur régime sera celui qui correspondra aux exigences précises et concrètes de sa vie nationale dans des conjonctures extérieures dont il n'est pas le maître et dont il devra tenir compte pour rétablir l'ordre dans sa maison.

Le peuple français porte son avenir en lui-même, dans la profondeur des soixante générations qui nous ont précédés sur notre sol et dont vous êtes les héritiers responsables.

Cet avenir, il ne le dégagera que par l'application résolue et réfléchie qu'il mettra à retrouver le sens de sa grandeur et celui de sa mission impériale.

13 juillet 1941

LA FRANCE D'OUTRE-MER

Français,

En inaugurant aujourd'hui la Semaine de la France d'outre-mer, ma pensée va vers nos compatriotes de l'Empire, dont le loyalisme et l'ardeur ont permis à la patrie blessée d'entreprendre son relèvement.

Je pense aux fonctionnaires, aux colons, aux agriculteurs, aux ingénieurs qui se sont remis au travail avec courage et confiance.

Je pense aux populations indigènes qui, dans le malheur de la patrie, ont conservé leur amour et leur confiance à la grande nation qui les a toujours aimées et protégées.

Ma pensée va aussi à nos troupes vaillantes, à nos soldats de la Légion et de l'infanterie coloniale, à nos marins, à nos aviateurs qui se sont battus avec un héroïsme qui force l'admiration du monde, en des terres lointaines conquises par leurs glorieux prédécesseurs.

Malgré quelques défections criminelles, tous se sont groupés autour du drapeau pour défendre l'unité de l'Empire et les liens sacrés qui l'unissent à la Métropole. Je les cite en exemple à tous les Français, à notre jeunesse, qui comprend chaque jour davantage la mission de la France. C'est à une pieuse veillée que je vous convie, Français, en songeant que dans l'univers entier bat un peu du cœur de la France.

12 août 1941

UN VENT MAUVAIS

Français,

J'ai des choses graves à vous dire. De plusieurs régions de France, je sens se lever depuis quelques semaines, un vent mauvais. L'inquiétude gagne les esprits, le doute s'empare des âmes. L'autorité de mon gouvernement est discutée, les ordres sont souvent mal exécutés.

Dans une atmosphère de faux bruits et d'intrigues, les forces de redressement se découragent. D'autres tentent de se substituer à elles, qui n'ont ni leur noblesse, ni leur désintéressement. Mon patronage est invoqué trop souvent, même contre le gouvernement, pour justifier de prétendues entreprises de salut, qui ne sont, en fait, que des appels à l'indiscipline. Un véritable malaise atteint le peuple français. Les raisons de ce malaise sont faciles à comprendre. Aux heures cruelles succèdent, toujours, des temps difficiles.

Lorsqu'aux frontières d'une nation, que la défaite a mise hors de combat, mais que son Empire laisse vulnérable, la guerre continue, ravageant chaque jour de nouveaux continents, chacun s'interroge avec angoisse sur l'avenir du pays.

Les uns se sentent trahis ; d'autres se croient abandonnés. Certains se demandent où est leur devoir ; d'autres cherchent d'abord leur intérêt.

La radio de Londres et certains journaux français ajoutent à ce désarroi des esprits. Le sens de l'intérêt national finit par perdre de sa justesse et de sa vigueur.

De ce désordre des idées naît le désordre des choses. Est-ce vraiment le sort qu'après treize mois de calme, de travail, d'incontestable reprise, la France a mérité ?

Français, je vous pose la question. Je vous demande d'en mesurer l'ampleur et d'y répondre dans le secret de vos consciences.

Nos relations avec l'Allemagne sont définies par une convention d'armistice, dont le caractère ne pouvait être que provisoire. La prolongation de cette situation la rend d'autant plus difficile à supporter qu'elle régit les rapports entre deux grandes nations.

Quant à la collaboration offerte au mois d'octobre 1940 par le chancelier du Reich, dans des conditions dont j'ai apprécié la grande courtoisie, elle est une œuvre de longue haleine et n'a pu porter encore tous ses fruits.

Sachons surmonter le lourd héritage de méfiance légué par des siècles de dissensions et de querelles, pour nous orienter vers les larges perspectives que peut offrir à notre activité un continent réconcilié.

C'est le but vers lequel nous nous dirigeons. Mais c'est une œuvre immense, qui exige de notre part autant de volonté que de patience. D'autres tâches absorbent le gouvernement allemand, des tâches gigantesques où se développe, à l'Est, la défense d'une civilisation et qui peuvent changer la face du monde.

À l'égard de l'Italie, nos rapports sont également régis par une convention d'armistice. Ici encore, nos vœux sont d'échapper à ces relations provisoires, pour créer des liens plus stables, sans lesquels l'ordre européen ne pourrait se construire.

Je voudrais, enfin, rappeler à la grande République américaine les raisons qu'elle a de ne pas craindre le déclin de l'idéal français. Certes, notre démocratie parlementaire est morte. Mais elle n'avait que peu de traits communs avec la démocratie des États-Unis. Quant à l'instinct de liberté, il vit toujours en nous, fier et rude. La presse américaine nous a souvent mal jugés. Qu'elle fasse un effort pour comprendre la qualité de notre âme, et le destin d'une nation dont le territoire fut, au cours de l'histoire, périodiquement ravagé, la jeunesse décimée, le bonheur troublé par la fragilité d'une Europe à la reconstitution de laquelle elle entend aujourd'hui participer.

Nos difficultés intérieures sont faites surtout du trouble des esprits, de la pénurie des hommes et de la raréfaction des produits.

Le trouble des esprits n'a pas sa seule origine dans les vicissitudes de notre politique étrangère.

Il provient surtout de notre lenteur à construire un ordre nouveau, ou plus exactement à l'imposer. La Révolution nationale, dont j'ai dans mon message du 11 octobre dessiné les grandes lignes, n'est pas encore entrée dans les faits.

Elle n'y a pas pénétré, parce qu'entre le peuple et moi, qui nous comprenons si bien, s'est dressé le double écran des partisans de l'ancien régime et des serviteurs des trusts.

Les troupes de l'ancien régime sont nombreuses. J'y range sans exception tous ceux qui ont fait passer leurs intérêts personnels avant les intérêts permanents de l'État : maçonnerie, partis politiques dépourvus de clientèle mais assoiffés de revanche, fonctionnaires attachés à un ordre dont ils étaient les bénéficiaires et les maîtres ou ceux qui ont subordonné les intérêts de la patrie à ceux de l'étranger. Un long délai sera nécessaire pour vaincre la résistance de tous ces adversaires de l'ordre nouveau, mais il nous faut, dès à présent, briser leurs entreprises, en décimant les chefs.

Si la France ne comprenait pas qu'elle est condamnée, par la force des choses, à changer de régime, elle verrait s'ouvrir devant elle l'abîme où l'Espagne de 1936 a failli disparaître, et dont elle ne s'est sauvée que par la foi et le sacrifice.

Quant à la puissance des trusts, elle a cherché à s'affirmer, de nouveau, en utilisant, pour ses fins particulières, l'institution des Comités d'organisation économique.

Ces comités avaient été créés, cependant, pour redresser les erreurs du capitalisme. Ils avaient en outre pour objet de confier à des hommes responsables l'autorité nécessaire pour négocier avec l'Allemagne, et pour assurer une équitable répartition des matières premières indispensables à nos usines.

Le choix des membres de ces comités a été difficile. On n'a pu, toujours, trouver réunies sur les mêmes têtes, l'impartialité et la compétence. Ces organismes provisoires, créés sous l'empire d'une nécessité pressante ont été trop nombreux, trop centralisés et trop lourds. Les grandes sociétés s'y sont arrogé une autorité excessive et un contrôle souvent inadmissible.

À la lumière de l'expérience, je corrigerai l'œuvre entreprise, et je reprendrai contre un capitalisme égoïste et aveugle la lutte que les souverains de France ont engagée et gagnée contre la féodalité. J'entends que notre pays soit débarrassé de la tutelle la plus méprisable : celle de l'argent.

Des organisations professionnelles sans responsabilité et guidées par des soucis mercantiles ont trop longtemps gêné notre ravitaillement. J'ai déjà pris des sanctions et frappé dans la personne d'un homme tout un système : celui de ses bureaux nationaux de répartition qui assuraient aux grossistes, au détriment du producteur et du consommateur, un contrôle exclusif et usuraire sur toute la filière du ravitaillement.

Nous souffrirons encore. Mais je ne veux pas que nos souffrances s'étalent devant le scandale de fortunes bâties sur la misère générale.

Ce serait d'autant plus révoltant que ce peuple a, depuis un an, accompli un travail immense, malgré les privations de toutes sortes et dans les conditions les plus difficiles. Je songe à nos paysans qui, sans main-d'œuvre, sans engrais, sans sulfate, ont réussi à obtenir des résultats supérieurs à ceux de l'an passé. Je songe aussi aux mineurs qui ont travaillé sans répit, de jour et de nuit, à nous procurer du charbon. Je songe à tous ces ouvriers qui, au retour de leur travail, ne trouvent que des foyers sans feu et des tables pauvrement garnies.

C'est grâce à leur effort de tous les instants que la vie du pays a pu être maintenue malgré la défaite. C'est avec eux et par eux que nous pourrons construire demain une France libre, puissante et prospère. Qu'ils attendent, avec moi, les temps meilleurs ; l'épreuve de la France prendra fin.

Quant à la pénurie des hommes, elle est due surtout à l'absence des prisonniers. Tant que plus d'un million de Français, comprenant les éléments jeunes et vigoureux de la nation, et la meilleure fraction de son élite, demeureront en marge des activités du pays, il sera difficile de construire un édifice neuf et durable. Leur retour permettra de combler le grand vide dont nous souffrons. Leur esprit fortifié par la vie des camps, mûri par de longues réflexions, deviendra le meilleur ciment de la Révolution nationale.

Et pourtant, malgré ces difficultés, l'avenir de notre pays se construit avec une précision chaque jour mieux assurée.

Familles, métiers, communes, provinces seront les piliers de la Constitution, à laquelle les meilleurs ouvriers de notre redressement travaillent sans relâche et dont le préambule ouvrira sur le « futur français » de claires perspectives.

Nos réformes les plus récentes sont l'objet d'une révision méthodique, dont les grandes lignes apparaîtront plus nettement, lorsque les textes législatifs auront été simplifiés et codifiés.

Mais il ne suffit pas de légiférer et de construire. Il faut gouverner. C'est une nécessité et c'est le vœu du peuple tout entier.

La France ne peut être vraiment gouvernée que de Paris. Je ne puis encore y rentrer, et je n'y rentrerai que lorsque certaines possibilités m'y seront offertes.

La France ne peut être gouvernée qu'avec l'assentiment de l'opinion, assentiment plus nécessaire encore en régime d'autorité. Cette opinion est, aujourd'hui, divisée.

La France ne peut être gouvernée que si à l'impulsion du chef correspondent l'exactitude et la fidélité des organes de transmission. Cette exactitude et cette fidélité font encore défaut.

La France, cependant, ne peut attendre. Un peuple comme le nôtre, forgé au creuset des races et des passions, indocile et courageux, prompt au sacrifice comme à la violence et toujours frémissant lorsque son honneur est en jeu, a besoin de certitudes, d'espace et de discipline.

Le problème du gouvernement dépasse donc en ampleur le cadre d'un simple remaniement ministériel. Il réclame, avant tout, le maintien rigide de certains principes.

L'autorité ne vient plus d'en bas. Elle est proprement celle que je confie ou que je délègue.

Je la délègue, en premier lieu, à l'amiral Darlan, envers qui l'opinion ne s'est montrée ni toujours favorable ni toujours équitable mais qui n'a cessé de m'aider de sa loyauté et de son courage.

Je lui ai confié le ministère de la Défense nationale pour qu'il puisse exercer sur l'ensemble de nos forces de terre, de mer et de l'air, une action plus directe.

Au gouvernement qui m'entoure, je laisserai l'initiative nécessaire. J'entends toutefois lui tracer dans certains domaines, une ligne très nette et voici ce que j'ai décidé :

1) L'activité des partis politiques et des groupements d'origine politique est suspendue, jusqu'à nouvel ordre, en zone libre. Ces partis ne pourront plus tenir ni réunion publique, ni réunion privée. Ils devront renoncer à toute distribution de tracts ou d'affiches. Ceux qui ne se conformeront pas à ces dispositions seront dissous.

2) L'indemnité parlementaire est supprimée à dater du 30 septembre.

3) Les premières sanctions disciplinaires contre les fonctionnaires coupables de fausses déclarations, en matière de sociétés secrètes, ont été prises. Les noms de ces fonctionnaires ont été publiés ce matin au *Journal officiel*. Les titulaires des hauts grades maçonniques dont une première liste vient d'être également publiée ne pourront plus exercer aucune fonction publique.

4) La Légion demeure en zone libre le meilleur instrument de la Révolution nationale. Mais elle ne pourra remplir utilement sa tâche civique qu'en restant, à tous les échelons, subordonnée au gouvernement.

5) Je doublerai les moyens d'action de la police, dont la discipline et la loyauté doivent garantir l'ordre public.

6) Il est créé un cadre de commissaires du pouvoir. Ces hauts fonctionnaires seront chargés d'étudier l'esprit dans lequel sont

appliqués les lois, décrets, arrêtés et instructions du pouvoir central. Ils auront mission de déceler et de briser les obstacles que l'abus de la réglementation, la routine administrative ou l'action des sociétés secrètes peuvent opposer à l'œuvre de redressement national.

7) Les pouvoirs des préfets régionaux, première esquisse de ce que seront les gouverneurs de provinces dans la France de demain, sont renforcés. Leur initiative vis-à-vis des administrations centrales est accrue ; leur autorité sur tous les chefs de service locaux sera directe et entière.

8) La Charte du travail, destinée à régler, selon les principes de mon message de Saint-Étienne, les rapports des ouvriers, des artisans, des techniciens et des patrons, dans la concorde et la compréhension mutuelles, vient de faire l'objet d'un accord solennel. Elle sera promulguée incessamment.

9) Le statut provisoire de l'organisation économique sera remanié, sur la base de l'allégement et du regroupement des comités, d'une représentation plus large, dans leur sein, de la petite industrie et des artisans, d'une révision de leur gestion financière, de leur articulation avec les organismes provinciaux d'arbitrage.

10) Les pouvoirs, le rôle et l'organisation des bureaux nationaux de ravitaillement seront modifiés selon des modalités qui, sauvegardant les intérêts des consommateurs, permettront à l'autorité de l'État de s'exercer à la fois sur le plan national et sur le plan régional.

11) J'ai décidé d'user des pouvoirs que me donne l'acte constitutionnel n° 7 pour juger les responsables de notre désastre. Un conseil de justice politique est créé à cet effet. Il me soumettra ses propositions avant le 15 octobre.

12) En application du même acte constitutionnel, tous les ministres et hauts fonctionnaires devront me prêter serment de fidélité, et s'engager à exercer les devoirs de leur charge pour le bien de l'État, selon les lois de l'honneur et de la probité.

Cette première série de mesures rassurera les Français qui ne pensent qu'au salut de la patrie.

Prisonniers qui attendez encore dans les camps et vous préparez en silence à l'œuvre de restauration nationale, paysans de France qui faites la moisson dans des conditions particulièrement difficiles, habitants de la zone interdite qui mettez toute votre confiance dans l'intégrité de la France, ouvriers de nos banlieues privés de viande, de vin et de tabac et cependant si courageux, c'est à vous tous que je pense.

C'est à vous que j'adresse ces paroles françaises.

Je sais, par métier, ce qu'est la victoire ; je vois aujourd'hui ce qu'est la défaite. J'ai recueilli l'héritage d'une France blessée. Cet héritage, j'ai le devoir de le défendre, en maintenant vos aspirations et vos droits.

En 1917, j'ai mis fin aux mutineries.

En 1940, j'ai mis un terme à la déroute. Aujourd'hui c'est de vous-mêmes que je veux vous sauver.

À mon âge, lorsqu'on fait à son pays le don de sa personne, il n'est plus de sacrifice auquel l'on veuille se dérober. Il n'est plus d'autres règles que celle du salut public. Rappelez-vous ceci :

Un pays battu, s'il se divise, est un pays qui meurt.

Un pays battu, s'il sait s'unir, est un pays qui renaît.

Vive la France !

18 août 1941

LES PROVINCES

Au cours d'une première session, la commission que vous présidez a procédé, conformément à la mission que je lui avais confiée, à l'établissement d'un projet d'ensemble de définition et de délimitation des provinces françaises.

Depuis lors, pendant que le Comité d'organisation professionnelle posait les bases de la Charte du travail, deux autres commissions ont été convoquées.

La première s'est occupée de l'adaptation de l'organisation municipale aux nécessités présentes. La seconde a fait une étude du projet de Constitution, au cours de laquelle le problème de la représentation départementale et régionale a été évoqué.

Ce que je demande aujourd'hui à votre commission, c'est, tenant compte de tous ces travaux, de me donner son avis sur l'organisation interne de cette unité territoriale et administrative que doit constituer la province dans la structure nouvelle de l'État. Sur le plan administratif, le cadre départemental sera respecté. Dans le domaine économique, tous les organismes existants, qui paraissent adaptés aux nécessités actuelles, seront maintenus.

Suivant ces deux directives, la commission devra rechercher les moyens propres à faire de la province, un centre de coordination, d'information et d'action en vue de renforcer l'autorité de l'État, d'accélérer les décisions et de susciter dans tous les domaines un renouveau de la vie régionale.

À la tête de la province, dont le rôle est ainsi défini, sera placé un gouverneur, haut personnage représentant le chef de l'État. C'est lui qui incarnera l'autorité. Son prestige sera incontesté.

Son action personnelle s'exercera sur toute l'étendue de la circonscription provinciale dans laquelle il se déplacera fréquemment.

En étudiant les attributions du gouverneur, ainsi que la composition de ses services, la commission ne devra pas perdre de vue que nous entrons dans un ordre nouveau, où le chef de la province doit gouverner plus qu'intervenir lui-même dans l'administration.

Le gouverneur devra donc grouper autour de lui, non pas des services administratifs, mais des collaborateurs peu nombreux et de qualité, dégagés des routines bureaucratiques, ayant le goût des responsabilités, l'esprit d'équipe et le sens profond de l'intérêt général.

L'organisation administrative des régions doit être réalisée sans dépense nouvelle. Toute création d'emploi dans le cadre régional devra être compensée par une suppression correspondante dans le cadre des administrations centrales ou départementales.

Auprès du gouverneur, un conseil, nommé sur sa proposition, doit se faire l'écho des forces spirituelles, morales, intellectuelles et économiques de la province.

Ce conseil délibérera sur les affaires régionales, et chacun de ses membres donnera son avis motivé sur les propositions budgétaires du gouverneur et étudiera les projets d'emprunt qui pourraient être soumis à l'approbation du gouvernement pour des travaux d'intérêt régional. Il répartira entre les départements les dépenses relatives à ces travaux.

En aucun cas, il ne se transformera en assemblée politique.

Autour de ces organes essentiels, gouverneur et assemblée, subsisteront et s'intensifieront les activités des groupements sociaux, professionnels, familiaux et légionnaires.

Ainsi renaîtra dans le cadre de la province et sous l'impulsion du gouverneur, cette vie locale dont l'admirable diversité enrichira et élargira la vie nationale tout entière.

C'est donc à une œuvre essentielle pour la reconstruction de l'État que j'associe votre commission en lui demandant de formuler sur le problème de l'organisation interne des provinces, toutes les suggestions qu'elle croira devoir me faire pour éclairer ma décision.

19 août 1941

« ON EST AVEC MOI OU CONTRE MOI. »

Allocution de Royat devant le Conseil d'État

Messieurs,

J'ai tenu à venir parmi vous, dès que la lourde charge des affaires de l'État m'en a laissé la possibilité. Mon désir de vous connaître et de prendre contact avec vous était bien naturel, puisque vous êtes mes conseillers. Vous avez, à ce titre, mission de m'assister dans l'élaboration des projets de loi, dans la rédaction des règlements, dans la décision sur toutes les matières où je juge opportun de vous consulter.

Le Conseil tiendra une grande place dans le régime que je veux instituer.

Plus le chef, en effet, se sent seul à la tête de l'État, plus est haute sa situation, plus il éprouve le besoin de s'entourer de conseils.

Il est entendu que le chef doit être libre de sa décision. Mais, lorsqu'il a fait connaître ses intentions, il vous appartient de lui apporter les suggestions que vous croyez utiles, pour l'aider à choisir les matériaux, à les assembler harmonieusement, à jeter la lumière sur l'ensemble.

Ma venue a aussi pour motif de recevoir votre serment.

Depuis le jour où, par la force irrésistible des circonstances, plus encore que par la volonté des hommes et surtout de moi-même, j'ai été placé à la tête de l'État, j'ai multiplié les appels au bon sens, à la raison, à la notion de l'intérêt public. J'ai réclamé avec insistance le concours et la bonne volonté de tous les Français. Aujourd'hui, le temps des équivoques est passé.

Il reste peut-être encore des insensés qui rêvent de je ne sais quel retour d'un régime dont ils étaient les profiteurs. Je suis sûr que la Révolution nationale triomphera pour le plus grand bien de la France, de l'Europe et du Monde.

Quoi qu'il en soit, il faut se prononcer. On est avec moi ou contre moi, et cette pensée est surtout vraie pour les serviteurs de l'État, et d'abord pour vous qui êtes les premiers.

Telle est la portée du serment que je suis venu entendre.

La gravité du péril intérieur et extérieur rend plus affirmative que jamais ma résolution de m'appuyer sur tous les éléments sains du pays, rassurés par ma volonté de mettre les autres hors d'état de nuire.

Je maintiendrai l'ordre matériel. Mais cet ordre ne suffit pas à satisfaire mes plus hautes et mes plus chères ambitions. Il me faut le concours cordial du pays. J'espère l'obtenir.

Je veux rétablir la prospérité matérielle et j'y parviendrai, dès que l'horizon international se sera éclairci.

Je veux la répartition plus juste, plus humaine, plus fraternelle des produits du sol. C'est l'œuvre la plus urgente.

J'ai le souci de l'enfance, printemps de la nation.

Je pense aux pères de famille, « ces grands aventuriers des temps modernes », comme les a définis un sociologue.

Ma sollicitude paternelle, qui s'étend à tous, va d'une façon particulière à ceux qui s'usent aux besognes les plus ingrates pour la rémunération la plus modeste et la plus incertaine.

Mais la réforme matérielle ne me satisfait pas. Je veux, par surcroît, la réforme morale. Je veux assurer à mes compatriotes le réconfort de certitudes éternelles : la vertu, dont j'ose dire le nom démodé, la patrie, la discipline, la famille et ses mœurs, la fierté, le droit et le devoir du travail.

J'ai ressenti, plus amèrement peut-être que tout autre, la tristesse de l'abaissement de la patrie, mais je connais aussi la possibilité des réactions de salut.

J'ai multiplié, et je continuerai à les multiplier, les contacts directs, non seulement avec de grands organismes comme le vôtre, mais avec le peuple lui-même, auquel je m'adresse directement, qui me parle sans intermédiaire.

J'ausculte le cœur de la nation et, en dépit des efforts des mauvais bergers, je le trouve sain.

J'ai été heureux de constater que le sentiment de la liberté reste vivace dans l'esprit toujours fier du peuple français.

Mais un peuple libre est celui où chacun est sujet de la loi et où la loi est plus puissante que tout le monde. C'est là le principe du régime que j'entends fonder et que j'édifie patiemment, au milieu de difficultés sans nombre.

Après la paix, le premier besoin des peuples est l'ordre, l'ordre dans les choses, dans les institutions, dans la rue, dans les esprits. Sans ordre, pas de prospérité, pas de liberté.

La grandeur de votre mission vient de ce que vous êtes l'organe de la régularité dans l'administration et dans la gestion des services publics.

Tout porte donc à croire que, dans la France de demain, le Conseil d'État, animé de l'esprit nouveau du régime, saura jouer son rôle.

Messieurs, j'attends maintenant votre serment.

31 août 1941

AUX LÉGIONNAIRES DE FRANCE ET D'OUTRE-MER

Légionnaires de France et d'outre-mer,

Une année s'est écoulée depuis que je vous ai appelés à entreprendre à mes côtés la grande œuvre de rénovation française.

Vous vous êtes comptés, organisés, hiérarchisés, selon les disciplines que vous avez pratiquées dans l'armée.

Les fanions de vos sections sont la marque de cet idéal moral et spirituel au nom duquel vous menez le bon combat du travail régénérateur, dans vos familles et pour la patrie.

Je salue ceux qui sont aujourd'hui groupés autour de moi et ceux qui planent au-dessus de vos réunions lointaines.

Je salue le drapeau national de la Légion, que je confie à votre fervente dévotion.

Les exemples que vous avez donnés depuis un an dans vos existences privées et dans votre participation à la vie publique, votre esprit d'entr'aide, votre zèle à « servir » loyalement auprès des représentants responsables du pouvoir central m'amènent à rechercher votre collaboration de plus en plus intime.

Vous êtes les hommes fidèles sur lesquels nous entendons, le gouvernement, l'amiral Darlan et moi, nous appuyer.

Ralliez à nous les hésitants et les mécontents qui, dans leur incompréhension de notre désastre et de ses conséquences continuent à se maintenir dans les illusions du passé. Vous imposerez silence à leurs critiques sournoises ou tumultueuses.

La France n'a qu'un gouvernement, c'est celui que je dirige avec les collaborateurs de mon choix.

Le gouvernement n'a qu'une politique, c'est celle dont, conscient de mes engagements, soucieux de l'honneur et de l'intérêt français je prends la responsabilité devant l'Histoire.

Sur ces données, vous nous aiderez à maintenir le pays dans l'ordre et la concorde.

Selon les instructions que nous adresserons à votre directoire, vous vous tiendrez, dans vos cités et vos campagnes, à la disposition des gouverneurs, résidents, préfets et sous-préfets pour faire régner partout l'esprit nouveau.

Pour donner accès à ceux qui — sans avoir eu l'honneur d'être « combattants » comme vous — partagent votre foi et veulent participer à votre action salvatrice, il conviendra sans doute d'élargir votre cadre.

Vous m'avez proposé, dans ce dessein, de vous appeler désormais la « Légion française des combattants et des volontaires de la Révolution nationale ».

J'accepte ce titre nouveau qui accroîtra votre rayonnement.

Combattants, légionnaires et volontaires, je vous adresse donc ce nouvel appel.

Réalisez autour de vous le grand rassemblement des énergies françaises.

Avec mon gouvernement et pour lui, travaillez au grand jour, car votre activité pacifique et sociale ne saurait inquiéter personne.

Le travail est la loi sacrée et fondamentale de la Révolution nationale.

22 septembre 1941

PRIORITÉ DES DEVOIRS SUR LES DROITS

Discours prononcé à Chambéry

Mes chers amis de Savoie,

Me voici. Si j'ai dû tarder à me rendre à votre appel, ma joie n'en est que plus vive de me trouver aujourd'hui parmi vous. Je suis fier d'être accueilli par des manifestations à la fois si touchantes et si confiantes. C'est qu'en ma personne vous saluez la patrie cruellement blessée, mais qui déjà manifeste les signes du retour à la vie.

Ce retour, vous entendez y contribuer avec toutes les énergies latentes au cœur de nos populations montagnardes. J'en connais la valeur, ayant éprouvé moi-même, au début de ma carrière, l'influence vivifiante de la fréquentation des sommets.

Nous sommes descendus très bas, mais nous connaissons la montagne et la remontée ne nous effraye pas. L'ascension est commencée et il me semble entendre venir de vos rangs, où se sont formés tant de guides infatigables, le cri : « Plus haut ! »

Il faudrait que dans tous les ordres du travail, spirituel, intellectuel, technique et manuel, ce fût là comme une consigne nationale. Ce cri est celui des élites. Il nous arrive de partout, même où l'épreuve est la plus dure : des foyers que la mort a visités et au sein desquels la captivité entretient les angoisses de l'absence ; de nos cités et de nos campagnes où l'insuffisance des ressources occasionne tant de privations ; des départements dont nous sommes séparés et qui pourraient ne pas sentir avec quelle sollicitude nous pensons à eux ; des camps de prisonniers où ceux qui ont lutté avec tant d'héroïsme veulent du plus profond de leur âme s'unir à nous, voire même nous tracer notre devoir. Là sont les meilleurs. Je voudrais justifier leur confiance ainsi que la vôtre.

Notre maison nouvelle, où nous avons l'espoir de vivre dans le bonheur et dans la paix, se reconstruit pierre à pierre. Bientôt, les fondations en seront établies selon les principes arrêtés par la commission de la Constitution qui a longuement siégé à mes côtés. Des conseillers nationaux, choisis pour leur savoir et leur expérience, m'ont soumis un texte instituant un régime de ferme autorité et prenant en considération les tendances naturelles de nos populations, ainsi que leurs aspirations et leurs besoins. Ils entendent ne pas se laisser influencer ou séduire par la magie des discours qui ont retenti autrefois dans les enceintes des assemblées politiques.

Ils ont approfondi les graves problèmes d'organisation de la communauté nationale, établi la priorité des devoirs sur les droits et préparé le règne d'une saine justice sociale. Leur œuvre est rationnelle et pleine de promesses. Le ciment de l'État nouveau à la base se soudera indissolublement à la terre française.

Une part essentielle de cette œuvre, c'est la restauration de la vie locale. Conformément aux études et aux propositions d'une deuxième commission, elle comportera un jeu plus libre et plus souple de nos institutions dans ce cadre provincial rénové dont la présentation folklorique qui a eu lieu à Vichy le 31 août nous a donné un avant-goût. Il importait que nous puissions faire revivre les coutumes et les traditions des petites patries de notre incomparable terroir. Vous y tenez vous-mêmes de façon très particulière. Ce désir est à votre honneur, il se réalisera.

L'organisation de la province est nécessaire pour articuler de façon rationnelle les rouages d'une machine administrative alourdie, et pour adapter son fonctionnement à l'économie moderne. La province de demain devra être organisée de manière à pouvoir se suffire à elle-même. Elle sera plus large et plus aérée que celle d'autrefois afin de produire toutes les ressources qui seront indispensables à sa population. Elle devra disposer de puissants moyens de communication et des facilités répondant aux exigences de son commerce.

Enfin, une troisième commission a été réunie pour mettre sur pied la Charte du travail que vous attendez avec une légitime impatience. Le but que je me propose en établissant cette charte est de supprimer la lutte des classes.

Chacune de ces classes poursuivait, avec des vues propres, des intérêts souvent égoïstes et contradictoires. Elles se regardaient avec méfiance et dans trop de circonstances manifestaient une opposition violente les unes contre les autres... Il semblait que la France fût divisée en deux camps.

D'une part les patrons, et de l'autre les ouvriers et les paysans.

Aujourd'hui nous voulons instaurer l'entente et la concorde. Dans une même entreprise et dans le groupement de diverses entreprises, les patrons et les ouvriers seront en contact permanent. Ils délibéreront ensemble. Ils seront tous, dans des conditions justes et humaines, les participants d'une réussite qui leur tiendra également à cœur. La notion du comité social mixte remplacera celle du syndicat partisan et, pas à pas, nous nous acheminerons vers l'établissement d'un corporatisme qui, tenant compte des évolutions du social et de l'économique, rappellera à maints égards l'étroite solidarité qui existait autrefois parmi les travailleurs si remarquablement consciencieux de nos vieilles familles.

Il est bien entendu que la paysannerie aura, elle aussi, sa charte. J'ai foi dans les destinées de notre commune entreprise.

Elle est inspirée par un amour passionné pour la France à qui, avec l'aide de Dieu, je veux rendre la grandeur d'un passé dont elle restera digne désormais.

À cette tâche je consacrerai tous mes efforts, et mon invincible espoir repose sur ma certitude d'entraîner la France entière et son magnifique Empire.

Savoyards et vous tous Français qui m'écoutez, serrez vos rangs autour de moi, puisque vous m'avez choisi pour chef.

Le gouvernement actuel est une équipe solide et laborieuse animée de la seule ambition du bien général. Il tiendra les promesses que je vous ai faites dans mon message du 12 août.

Facilitez-lui sa tâche en taisant les critiques que pourrait vous inspirer une certaine manie de dénigrement qui a souvent stérilisé nos efforts.

Le monde entier nous regarde avec sympathie, malgré la défaite que nous avons sans doute provoquée par nos fautes, mais qui a dépassé le juste châtiment de nos erreurs.

Oui, avec sympathie, car il sait ce que nous valons, ce que représente notre civilisation, quelles sont les ressources de notre race. Soyons en nous-mêmes ardemment convaincus : c'est la condition nécessaire de notre renaissance.

23 septembre 1941

« MON ESPOIR VIENT DE VOUS. »

Discours prononcé à Annecy

Mes chers amis de Haute-Savoie,

Comme l'on fait hier vos compatriotes de la Savoie, vous voici réunis en foule devant moi. Cette union ne saurait être une rencontre éphémère autour du chef de l'État ; elle marque votre ardente volonté de travailler à la rénovation des valeurs morales et des nobles traditions, dont l'abandon a failli causer notre perte. Vous avez entendu ce que j'ai dit, à Chambéry, pour caractériser cette rénovation dans l'ordre constitutionnel, au sein de notre patrie. Nous organiserons la France en provinces, que nous doterons d'institutions destinées à restaurer la vie locale à l'intérieur de la communauté nationale. Enfin, nous promulguerons une Charte du travail, qui aura pour effet de maintenir la concorde parmi les travailleurs.

Ne récriminons donc pas vainement sur le passé et tournons-nous délibérément vers l'avenir. Qu'on ne parle plus de décadence ou de déclin ; l'aveu de nos faiblesses d'hier nous rendra la force de travailler à notre nouveau destin.

Qu'on ne se fasse pas une montagne des obstacles se dressant devant nous. Ceux de chez vous ne craignent pas de telles difficultés, dont même ils se font un jeu. Ces obstacles, je me suis habitué, comme vous, à les regarder en face. Le principal réside dans le fait que nous avons momentanément perdu cette liberté pour laquelle, cependant, tant de sang a coulé chez nous au cours des siècles. La liberté, nous la reconquerrons par le travail.

Dans les villes et les campagnes, dans les usines, dans les ateliers et dans les fermes, dans les facultés et dans les écoles, vous vous êtes remis à la tâche. Nous nous efforçons, le gouvernement et moi, de vous guider et de vous aider. Faites-nous confiance.

Comme je l'ai toujours fait au cours d'une longue carrière avec les personnes dont j'avais la charge, j'entends prendre avec vous des contacts aussi fréquents que possible. Vous savez combien je suis attentif à soulager ceux qui souffrent. Ouvriers et paysans dans la peine ou le chômage, compatriotes lointains qui ne pouvez entendre ma voix, parents qui avez perdu votre fils ou qui en êtes séparés, familles privées des ressources nécessaires à votre subsistance, je pense à vous sans cesse, je voudrais vous préserver, à l'avenir, de tout ce qui vous a divisés autrefois. Le pays ne se sauvera que par l'union de tous les Français.

Il m'est arrivé de vous dire parfois de dures vérités. Aujourd'hui, je serai moins sévère, parce que j'ai le sentiment d'un renouveau. Il me semble que le nombre de ceux qui ont compris notre situation s'est accru. Vous ne le percevez pas comme moi, car vous êtes moins informés des raisons fondamentales de mon espoir. Il vient de vous, cependant, sans que peut-être vous vous en doutiez. Il vient de ces bonnes volontés qui se rapprochent les unes des autres, autour de ma chère Légion, pour réaliser l'assemblée des citoyens fidèles, sous ce bel idéal qu'ont cultivé nos anciens combattants. Il vient de ces prisonniers qui ont réfléchi, dans le silence et l'isolement, et réveillé dans leur cœur une foi que le doute avait affaiblie : ils me clament leur inébranlable volonté de nous aider dans notre rude tâche.

Cet espoir vient de vous, populations de la Métropole et de l'Empire, qui me donnez la preuve de votre esprit de sacrifice et qui, sachant souffrir, prouvez que vous méritez de vivre, et vous vivrez !

13 octobre 1941

AUX ÉCOLIERS

Jeunes élèves des écoles de France,

Si j'ai désiré vous parler aujourd'hui, au moment où vous recommencez une année scolaire, c'est qu'il faut que vous sachiez que je compte absolument sur vous pour m'aider à reconstruire la France, à faire des Français un grand peuple loyal et honnête.

Et je ne veux pas attendre que vous soyez devenus de grandes personnes pour vous demander de le faire. L'année dernière, pour Noël, plus de deux millions d'entre vous m'ont dit qu'ils m'aimaient de tout leur cœur et ils m'ont envoyé de magnifiques dessins. C'est très bien, mais puisque vous voulez être avec moi, il ne suffit pas de me le dire, il faut le montrer à tout le monde.

Comme tous les hommes, les écoliers ont contre eux des adversaires. Il me faut des filles et des garçons courageux pour entreprendre la lutte contre deux de ces principaux adversaires.

Le premier, c'est l'oubli des bonnes résolutions. Je me souviens très bien que, lorsque j'avais votre âge, mes camarades et moi, devant nos cahiers et nos livres neufs nous en avions de ces « bonnes résolutions ». Nous étions tous désireux de bien travailler et je suis sûr que vous êtes comme nous... Mais certains oublient très vite les bonnes résolutions prises le jour de la rentrée des classes. Je viens justement vous demander de les garder en vous aussi longtemps qu'il le faudra. C'est ce qu'on nomme la ténacité.

C'est une qualité qui manque un peu aux Français. La ténacité, pourtant, est très utile dans la vie et elle permet à ceux qui la possèdent de réussir mieux que ceux qui n'en ont pas.

Et voici maintenant le second adversaire à combattre : je veux parler de la déloyauté en classe. Je suis attristé en pensant que certains d'entre vous ne résistent pas à la tentation et qu'ils copient ou qu'ils trichent pour gagner quelques points. C'est une faute et je veux qu'elle cesse.

Parmi vous, les plus nombreux ne copient pas. Je leur demande d'avoir le courage de leur opinion et d'arriver à empêcher les autres de le faire. On m'a expliqué que certains d'entre vous ont déjà agi, qu'ils ont organisé des « ligues de loyauté » qui ont eu beaucoup de succès. Je les en félicite. Je suis certain que vos maîtres et vos professeurs vous conseilleront et vous aideront dans cette voie. Adressez-vous à eux et surtout donnez un bon exemple à vos voisins.

Donnez un bon exemple, même si dans le passé vous vous étiez laissés entraîner ! Rachetez-vous en résistant davantage dans l'avenir.

Il faut que vous sachiez que, dans votre vie, vous aurez à dire « Non » à toutes sortes de tentations. C'est pourquoi je vous dis à vous ce que je disais à mes soldats dans l'autre guerre : Courage, ne cédez pas…

Je vous demande de m'aider de ces deux façons-là dès aujourd'hui. Vous pouvez le faire même si vous êtes encore tout jeunes. Une bonne action a de la valeur à tout âge.

Faites donc des efforts pour bien travailler pendant toute l'année et pas seulement pendant quelques jours. Ensuite, soyez des filles et des garçons francs et loyaux.

Essayez. Tenez-moi au courant de vos efforts.

À tous, je souhaite pour cette année : bon travail, bon courage et bons résultats !

14 octobre 1941

LES PRINCIPES SUR LESQUELS DOIT REPOSER LA NOUVELLE CONSTITUTION

Message à la commission de la Constitution

Messieurs,

En ouvrant votre première session, le 8 juillet dernier, je vous ai exposé les principes qu'une longue méditation et l'exercice du pouvoir m'ont conduit à considérer comme la base indispensable de la structure nouvelle de l'État.

Je vous ai rappelé que les malheurs de la patrie sont venus avant tout d'un individualisme excessif, d'une fausse conception de la liberté et d'un fléchissement de la conscience nationale remplaçant trop souvent le respect du devoir par la revendication des droits.

Ne considérant que l'individu, les institutions lui avaient tout subordonné. La Patrie, la Nation, la Famille, la Religion étaient trop souvent méconnues et bafouées. La vie sociale était devenue une lutte ouverte entre des intérêts dressés égoïstement les uns contre les autres.

Facilement asservi par les maîtres qu'il avait l'illusion de choisir au moyen d'élections ne pouvant ni donner une représentation exacte du pays, ni dégager des élites, le Français n'avait plus qu'une ombre de liberté. Encore payait-il cette illusion, qui lui était chère, de tous les maux qu'engendrent le désordre et la démagogie.

Enfin, incité par les promesses électorales à revendiquer plus qu'à servir, chacun n'avait que trop pris l'habitude d'oublier les devoirs, qui sont pourtant la conséquence et la justification des droits. Peu à peu, la disparition des disciplines, la méconnaissance de la hiérarchie, l'effondrement de l'autorité avaient abouti à l'impuissance totale de l'État.

Je vous ai indiqué que, tirant la leçon du passé, la Constitution doit avant tout restaurer, dans tous les domaines, l'autorité et la hiérarchie.

Elle doit, d'autre part, réagir contre l'individualisme en s'attachant à organiser et articuler les éléments sociaux composant la nation sous le triple signe de la Famille, du Travail et de la Patrie. Et c'est par ces éléments sociaux que devront être dégagées et sélectionnées à chaque échelon les compétences véritables appelées à jouer un rôle essentiel dans la vie politique du pays.

Il lui appartient enfin d'exercer un rôle éducatif afin de déterminer et de hâter la renaissance morale et spirituelle indispensable au relèvement de la nation.

Je sais que, déjà, ces principes ont inspiré vos travaux. J'ai suivi de près vos débats et j'ai étudié avec grand intérêt les suggestions que vous m'avez présentées.

L'œuvre est si vaste et votre collaboration m'est si précieuse que je vous demande de vous pencher, une fois de plus, sur les problèmes essentiels qui me paraissent nécessiter de votre part un nouvel examen.

Depuis votre précédente réunion, plusieurs grandes réformes ont été réalisées par mon gouvernement : la Charte du travail, le statut des fonctionnaires, la réforme de l'enseignement. Vous aurez à tenir compte de ces textes nouveaux ainsi que des études poursuivies par la première commission du Conseil national sur la création et l'organisation interne des provinces.

Mais l'objet de cette nouvelle session est surtout, à mes yeux, l'étude plus poussée, plus complète, des principes qui sont à la base même de la Constitution.

Sans fixer un cadre rigide à vos investigations, je vous demande de faire porter votre examen notamment sur les dispositions relatives au respect de la personne humaine, à la vie de la profession organisée, au fonctionnement des divers conseils, à la procédure de ratification de la Constitution, au statut de l'Empire.

Vous étudierez surtout l'organisation du circuit continu entre l'autorité de l'État et la confiance du peuple.

C'est, à mes yeux, le problème capital.

Il met en jeu l'organisation de la représentation et la vie des divers groupements au sein desquels devront se former les élites.

Un peuple, ai-je dit souvent, n'est pas simplement composé d'individus. Il est essentiellement une hiérarchie de familles, de professions, de communes.

C'est donc dans la réalité familiale, professionnelle, comme aussi dans la réalité communale, provinciale ou nationale, qu'il convient de rétablir le citoyen.

Ainsi se dégageront les hiérarchies, les responsabilités, les compétences.

Il ne suffira donc plus, je l'ai dit, de compter les voix : il faudra peser leur valeur.

Ces problèmes si délicats, je vous demande de les examiner en faisant abstraction de vos préférences doctrinales, pour ne penser qu'aux réalités vivantes en face desquelles nous devons nous placer.

Il ne s'agit pas de faire revivre plus ou moins telle ou telle conception périmée, ni de sacrifier à telles ou telles erreurs, qui, parce qu'elles sont partagées par un grand nombre d'individus, n'en deviennent pas pour cela des vérités. Ce que je désire, c'est assurer une représentation réelle des forces vives du pays.

Les assemblées nationales, régionales, départementales ou municipales ne représenteront plus une poussière inorganique d'individus, mais la nation elle-même avec ses cadres traditionnels.

Elles seront la représentation aussi exacte que possible des forces spirituelles, morales et économiques du pays.

Je voudrais qu'on y trouvât l'écho et le reflet du cabinet du penseur, du bureau de l'écrivain, de l'établi de l'artisan, de l'atelier de l'artiste, de la boutique du commerçant, de l'usine de l'ouvrier, du champ surtout, où le patient cultivateur sème le blé, taille la vigne, récolte les moissons.

Ainsi conçues, les assemblées ne seront plus ces arènes où l'on se battait pour conquérir le pouvoir, où se nouaient des intrigues et des combinaisons d'intérêts. Elles suivront, dans l'État autoritaire et hiérarchique où chacun se trouve mis à sa place, les conseils éclairés du chef qui, seul, est responsable et commande.

À cette œuvre, si essentielle pour la rénovation de la France, je vous demande encore de vous attacher, comme je le fais moi-même, avec toute votre foi.

La Constitution que nous avons le devoir de tenir prête ne doit pas être une construction hâtive, purement juridique et abstraite.

Elle aura une âme. Elle aura un esprit. Elle fera reprendre au pays le sens et le goût de la grandeur.

Aidez-moi, par vos avis, à édifier, dans la foi patriotique et dans l'espérance, la maison qui abritera la France rayonnante de demain.

23 octobre 1941

« JE VOUS JETTE UN CRI D'UNE VOIX BRISÉE. »

Contre des officiers de l'armée d'occupation, des coups de feu ont été tirés. Deux morts…

Cinquante Français ont ce matin payé de leur vie ces crimes sans nom… Cinquante autres seront fusillés demain si les coupables ne sont pas découverts. Un ruisseau de sang coule de nouveau sur la France. La rançon est affreuse. Elle n'atteint pas directement les vrais coupables.

Français, votre devoir est clair : il faut faire cesser cette tuerie.

Par l'armistice, nous avons déposé les armes. Nous n'avons pas le droit de les reprendre pour frapper les Allemands dans le dos.

L'étranger qui ordonne ces crimes sait bien qu'il meurtrit la France en pleine chair. Peu lui importe nos veuves, nos orphelins, nos prisonniers.

Dressez-vous contre ces complots. Aidez la justice ! Un coupable retrouvé et cent Français sont épargnés.

Je vous jette un cri d'une voix brisée.

Ne laissez plus faire du mal à la France !

11 novembre 1941

MESSAGE À LA COMMISSION D'ÉTUDE DE L'ORGANISATION ÉCONOMIQUE

J'ai attendu, avant de vous réunir, que la Charte du travail fût promulguée.

Trop d'erreurs s'étaient, en effet, manifestées dans notre organisation sociale d'avant-guerre, pour que mon premier devoir ne fût pas d'y remédier.

L'étroite solidarité de l'économique et du social nous impose, aujourd'hui, de porter plus loin nos efforts. Ces efforts devront tendre à doter la France d'une organisation économique nouvelle, fondée sur un régime corporatif souple, harmonieux et juste.

Les exigences de l'heure me contraignent, toutefois, à ne bâtir que pour un lendemain immédiat.

De ce lendemain les perspectives sont encore sombres.

Il n'est sans doute pas en notre pouvoir de supprimer d'un trait de plume les tristes contingences — difficultés du ravitaillement, pénurie des matières premières — qui sont le legs de la guerre et de la défaite. Mais j'ai le devoir de tout tenter pour mettre de l'ordre dans l'économie française et pour l'adapter aux possibilités que lui offrent la Métropole, l'Empire et le Monde.

La guerre nous a conduits à adopter un régime d'économie dirigée, dont nous n'avons su prévoir à temps ni le dispositif, ni les exigences. Aussi avons-nous été contraints de ne procéder que par ajustements et par retouches aux corrections qu'imposait l'expérience de chaque jour.

Ce n'est pas à la construction définitive de cette économie que je vous convie pour le moment. En matière économique, les conseils des hommes compétents ne sont, certes, pas moins nécessaires que la leçon des expériences étrangères. Mais je me préoccupe moins, aujourd'hui, d'un système que d'une méthode. Et la méthode que je vous propose est celle qui m'a toujours guidé : aborder le concret, relever le moral.

C'est par le concret, c'est-à-dire par l'étude des résultats acquis au cours d'une année d'épreuves qu'il y a lieu de commencer vos travaux. C'est avec le souci du redressement moral qu'il convient de les poursuivre, dans un domaine où le progrès matériel s'obtient tant par des améliorations techniques que par de longs efforts d'initiative, de désintéressement et de sacrifice.

L'œuvre de l'année qui vient de s'écouler s'est surtout résumée dans la création et dans le premier fonctionnement des Comités d'organisation, institués par la loi du 16 août 1940.

Ces comités, conçus dès l'origine, comme des organismes provisoires, puisqu'ils ne devaient être que le prélude et l'instrument d'une organisation définitive, ont suscité de grands espoirs, donné lieu à de vastes travaux et provoqué, comme il était inévitable, d'âpres polémiques.

J'ai tenu, dans mon message du 12 août, sans vouloir porter un jugement d'ensemble sur leur œuvre, à relever ce qui me paraissait insuffisant, erroné ou dangereux dans l'action même de quelques-uns d'entre eux. J'ai souligné que ces erreurs et ces abus provenaient moins de l'institution elle-même que de son utilisation parfois défectueuse.

Nombreux sont ceux qui, parmi vous, Messieurs, ont participé à l'œuvre de ces comités, qu'ils y soient entrés, ou qu'ils les aient animés du dehors.

Vous n'ignorez pas qu'ils sont, dans leur grande majorité, constitués par l'élite de l'industrie et du commerce, c'est-à-dire par des hommes conscients de l'étendue de leurs devoirs et soucieux de travailler, en étroite union avec les pouvoirs publics, à la grandeur de notre pays.

Vous savez donc que les condamnations que j'ai portées contre les excès que permet une excessive concentration des entreprises et des capitaux, contre la volonté de puissance et de corruption de certains hommes, sont très loin d'atteindre tous les Comités d'organisation et que, d'ailleurs, elles s'appliquent à certains éléments qui leur sont extérieurs.

Qu'a voulu le gouvernement en édictant la loi du 16 août 1940 ?

Tout d'abord, parer à des dangers immédiats.

Les comités, devant agir vite, ne pouvaient être alors que centralisés, pour négocier avec l'Allemagne et pour éviter à tout prix la désorganisation de nos forces économiques.

Si les Comités d'organisation ont pu décevoir certains espoirs, ils ont, du moins, assuré l'essentiel de leur mission. Dans nos usines, les machines tournent et la vie a continué. Si elle est ralentie, c'est que les matières manquent, et que les échanges économiques ne sont plus normaux. Le mal a été réduit au minimum.

Les comités ne peuvent ni ne doivent se borner à ce rôle, capital certes, mais insuffisant.

Il leur faut maintenant aborder les premières tâches de direction économique prévues par la loi du 16 août.

Le problème à résoudre est délicat. Pour être efficace, une expérience de plus d'un an l'a bien montré, l'action des comités doit être suffisamment spécialisée.

De fait, on ne peut réunir avec fruit autour d'une table que des hommes ayant des préoccupations communes et parlant des mêmes choses, dans la même langue.

Cependant de nombreuses questions intéressent plusieurs comités et rendent nécessaires des groupements, d'abord par comités généraux, puis par familles.

Les relations des comités avec les commissaires du gouvernement ont besoin d'être définies, leurs liaisons avec leurs membres mieux assurées ; il n'existe pas de contrepoids utile aux décisions ou aux sanctions qu'ils prennent.

Vous savez, aussi, que leur autorité morale gagnerait parfois à s'appuyer sur une représentation accrue des petites et moyennes entreprises, grâce auxquelles se maintient l'équilibre social de notre pays.

Enfin, la liaison des comités avec les Chambres de Commerce et les Chambres syndicales doit être renforcée dans le cadre général de l'organisation nouvelle.

Je n'entre pas plus avant dans l'examen des améliorations utiles. Avant que vous abordiez votre tâche, il convient que je précise les directives qui peuvent être, dès maintenant, données en matière économique.

Quel est le but ? Préparer, dans l'ordre et la méthode, l'avenir industriel et commercial de la France.

Il faut fixer des programmes de travaux, sans lesquels tout n'est que désordre et incertitude. Il faut dresser le bilan de toutes les professions, avec netteté, sans illusion, en dehors de tout esprit de système.

Il faut rechercher les meilleurs et les plus simples circuits de distribution commerciale.

Il faut connaître nos forces, nos faiblesses industrielles, déterminer les développements, renouvellements ou créations d'outillages et de moyens d'étude qui s'imposent.

Il faut que certaines professions, qui ont connu des années de trop grande facilité, reprennent le goût de l'initiative et du risque.

Qu'elles n'attendent de mon gouvernement aucune faiblesse. La protection, la subvention à tout prix, c'est la faillite pour tous. Ma sollicitude n'ira qu'à ceux qui s'en seront montrés dignes par leurs efforts.

Mais elle leur sera totalement acquise et, ainsi, se renoueront entre l'État, le commerce et l'industrie, ces liens de confiance, sans lesquels rien de grand ne peut être accompli. Les combinaisons financières, parasitaires et stérilisantes, devront disparaître devant l'honnêteté.

Qu'est-ce qu'un chef d'entreprise digne de ce nom ?

Un homme qui, certes, a le droit et le devoir de faire fructifier les fonds qu'il possède ou qu'on lui a prêtés. Mais avant tout, c'est un homme, conscient, fier de ses responsabilités sociales, capable de commander à d'autres, de leur assurer le travail et la vie, un homme qui a la passion de créer et de produire.

Grande, moyenne, petite industrie, artisanat, constituent les divers éléments de l'édifice industriel national et doivent collaborer harmonieusement pour assurer au pays le maximum d'activité et de bien-être.

Je ne tolérerais pas qu'on essayât de les dissocier ou de les opposer.

En effet, mesurées à l'échelle internationale, nos entreprises sont, en général, de modeste importance. Si cet état de choses, conforme à notre esprit national, peut avoir des conséquences sociales heureuses, il nous rend, dans certains domaines, incapables de lutter contre la concurrence extérieure.

Seules des unions convenables, dûment contrôlées par l'État remédieront à cette faiblesse. Il est d'ailleurs possible de donner du travail à certaines petites ou moyennes entreprises, aux dépens de quelques grandes usines à activités trop nombreuses, et, au total, d'abaisser le prix de revient.

La plupart de ces tâches ont déjà été abordées par les Comités d'organisation et par mes représentants. Il faut les poursuivre d'urgence, avec une volonté jamais lassée.

J'en ai assez dit pour faire sentir l'ampleur et le poids de la mission dévolue aux hommes qui ont charge de l'organisation économique. Il est indispensable qu'ils possèdent une autorité forte, pour jouer leur double rôle d'animateurs et d'arbitres. Rien ne doit affaiblir leur responsabilité, ni leur pouvoir, contrôlé d'ailleurs par le gouvernement.

Les travaux que je vous confie exigeront, sans doute, plusieurs sessions de votre commission.

Un projet d'ordre du jour, joint à cette déclaration, vous permettra de les entreprendre méthodiquement. J'ai la certitude que vous m'aiderez dans un grand élan d'union et de foi. Patrons, grands et petits, techniciens, ouvriers, artisans, délégués d'organisations d'intérêt général, votre place a été soigneusement marquée dans cette commission. Deux agriculteurs siègent parmi vous, pour attester la solidarité de toutes les forces productives de la nation.

Je vous demande, enfin, de ne pas oublier que vous aurez à préparer, par une articulation judicieuse de l'économique et du social, les bases des futures corporations.

Comités sociaux de la Charte d'une part, comités économiques réformés et fortifiés d'autre part, devront être les piliers de ces corporations dont les Français attendent, pour une bonne part, la renaissance de la patrie, et qui, sous le contrôle de l'État, gardien de l'intérêt collectif, prendront demain la charge du destin économique et social de vos professions.

Que ce but reste présent à vos esprits. Gardez dans votre étude ce souci d'une construction logique et bien faite, ce goût de la valeur technique, ce sens des responsabilités et de l'autorité morale qui, dans la discipline librement consentie de tous les éléments de la production, permettront à la France de jouer son rôle et d'affirmer sa place dans le monde nouveau de demain.

24 décembre 1941

LE NOËL DES PRISONNIERS

Français,

Lorsqu'il y a un an, à cette même date, je vous adressais mes vœux de Noël, j'avais l'espoir que la plupart d'entre vous fêteraient dans leur famille, le Noël de 1941.

Les événements ne l'ont pas permis. La guerre n'est pas finie. Elle a pris, au contraire, une extension considérable, ravageant chaque jour des continents nouveaux, endeuillant des milliers de familles. La nuit s'épaissit sur le monde. La paix tant désirée s'éloigne encore de l'espérance humaine, mais nos énergies sont intactes et nous restons dans la voie du devoir.

Prisonniers, mes amis,

Je sais avec quelle force vous voulez le redressement national. Dans le recueillement et la solitude, vous ne cessez de vous élever, de cultiver vos intelligences, de fortifier vos cœurs, de magnifier vos âmes. L'écho nous en arrive, par vos écrits, et nous sommes frappés par la noblesse de vos efforts.

Unis dans la douleur, vous avez fait taire entre vous tous les dissentiments que peut engendrer la diversité d'origine, d'éducation, de fortune ou d'idéal. Plus d'individualisme et d'égoïsme dans vos rangs ; vous mettez en commun vos dons personnels, qui sont votre seule richesse, comme les modestes envois que nous vous faisons parvenir. Enfin, vous êtes des hommes disciplinés et vous vous rangez, sans exception, derrière le chef, sans chercher à discuter ses instructions ou ses ordres : vous savez qu'il est plus facile d'obéir que de commander, et vous exigez impérieusement le retour à un régime d'autorité.

Ainsi, malgré la distance qui vous sépare de vos compatriotes, vous leur donnez une grande leçon. Je voudrais, par la force de votre exemple, obtenir d'eux la même unanimité que celle qui règne dans les camps de prisonniers, et aussi le même désintéressement, le même oubli de soi, le même sentiment communautaire.

Je voudrais que l'intérêt général primât toujours les intérêts particuliers.

Prisonniers, mes chers amis, puis-je mieux travailler pour vous et préparer votre libération qu'en montrant à nos vainqueurs d'hier combien vous nous paraissez dignes d'estime ? Les Allemands ont su mesurer, dans vos camps, dans les activités diverses auxquelles vous participez, votre conscience et votre habileté laborieuse, votre ingéniosité, l'aménité de votre caractère ; et je suis convaincu qu'ils prendront un jour en considération la nécessité du rapatriement des prisonniers français.

Je puis vous assurer que je mettrai tout en œuvre pour que ce jour soit prochain.

Mes chers amis, ne vous laissez pas envahir par la tristesse. N'est-ce pas un grand réconfort de savoir que vous êtes aimés, que vous êtes l'unique préoccupation des membres de votre famille assemblés ce soir au coin du feu ; on n'y parlera que de vous, des nouvelles apportées par votre dernière lettre, de celle qui partira le lendemain à votre adresse. On y formera des projets pour le moment de votre retour. Lorsque vous lirez ce message chargé de tendresse et d'affection, un grand apaisement se fera en vous et ce jour-là, vous vous sentirez moins malheureux. Bonsoir mes chers amis et bon Noël !

1942

1er janvier 1942

« POUR ÊTRE NATIONALE, NOTRE RÉVOLUTION DOIT D'ABORD ÊTRE SOCIALE. »

Français,

La guerre s'étend aujourd'hui aux cinq parties du monde. La planète est en flamme, mais la France reste en dehors du conflit.

Elle n'assiste pas moins avec angoisse à la lutte qui met aux prises six grandes nations. C'est qu'elle ne saurait ni moralement, ni matériellement se désintéresser de tels événements.

Puissance européenne, la France connaît ses devoirs envers l'Europe.

Puissance maritime et coloniale, elle possède un vaste Empire libre, mais exposé à bien des dangers.

Puissance civilisatrice, elle a conservé dans le monde, malgré la défaite, une position spirituelle privilégiée.

Cette situation particulière de la France ne peut échapper à l'attention de l'Allemagne. Elle lui suggérera, nous l'espérons, une atténuation du statut qu'elle nous a imposé après sa victoire. Le rapprochement sincère des deux nations, souhaité par les gouvernements et par les peuples, en découlera. Notre dignité s'en trouvera restaurée ; notre économie, soulagée.

Mais la conduite d'une politique française, inspirée par les seuls intérêts français, exige le resserrement de l'unité nationale.

Or, l'unité des esprits est en péril.

Le désarroi ne provient pas seulement de l'amertume qui succède à toute grande détresse nationale et de la lassitude qu'entraîne un second hiver d'armistice et de misère.

D'autres causes contribuent à l'entretenir : l'individualisme, le goût des affaires et l'abus du profit, la préoccupation de maintenir hors d'atteinte un avantage ou un refuge.

Aux maux les plus affreux de l'avant-guerre : haine des classes, hostilité des campagnes et des villes, viennent aujourd'hui s'ajouter l'incompréhension et les heurts entre les deux zones.

Ce relâchement traduit une situation de fait, la France ne se sent plus mobilisée ; elle a laissé se détendre ses ressorts ; elle s'est attardée aux mirages décevants d'une « fausse paix » ; beaucoup de fonctionnaires ne donnent pas à l'État tout l'effort qu'ils lui doivent.

Or, c'est l'heure où le pays risque d'être engagé dans de graves difficultés pour son existence et pour son unité. La guerre, sous d'autres formes, continue. La France n'a le droit, ni de s'endormir, ni de se déchirer.

Cette mobilisation ne peut souffrir aucun délai. Elle ne peut davantage admettre aucun déserteur.

J'ai le devoir d'appeler « déserteurs » tous ceux qui, dans la presse comme à la radio, à l'étranger comme en France, se livrent à d'abjectes besognes de désunion, et tous ceux qui, dans le pays, recourent à la calomnie et à la délation.

J'ai le devoir de considérer comme des « adversaires » de l'unité française, les trafiquants du « marché noir » et les nouveaux riches de la défaite, dont les millions hâtivement amassés sont faits de nos souffrances.

J'ai le devoir de considérer comme des ennemis de la Révolution nationale les détracteurs systématiques de l'œuvre de rénovation entreprise par le gouvernement, en particulier certains professionnels de l'ancien syndicalisme, qui tentent de saborder la Charte du travail, et certains patrons antisociaux qui se soustraient, par égoïsme ou par espoir de revanche, à nos communes obligations de reconstruction sociale.

Tous ces hommes, comme quelques parlementaires, sont restés trop attachés à certains intérêts pour pouvoir se libérer d'anciennes servitudes et pour répondre aux aspirations d'un pays dont la doctrine nouvelle exige d'être appliquée par des hommes nouveaux.

La Révolution nationale n'est pas encore passée du domaine des principes dans celui des faits. C'est le vrai grief et la grande inquiétude de beaucoup de Français.

J'y suis profondément sensible. Mais je demande que l'on mesure l'ampleur et les difficultés de notre tâche : l'obligation où nous sommes de vivre souvent au jour le jour, d'administrer deux zones avec les exigences de l'occupation, la pénurie des matières premières, la survivance d'un vieil esprit bureaucratique, destructeur d'initiatives et qui ne disparaîtra qu'avec le temps.

Au demeurant, cette révolution, pour être nationale, doit être l'œuvre de la nation. Elle exige de tous, à défaut d'un enthousiasme que les circonstances ne favorisent pas, une adhésion sincère de l'esprit, une acceptation réfléchie du sacrifice.

Avant de passer dans les faits, la révolution doit s'établir dans les mœurs. Ce serait trop attendre de l'État que de compter sur sa seule action pour transformer en quelques mois les mœurs et les consciences françaises. Chacun doit y mettre du sien.

Le gouvernement n'en a pas moins des devoirs dont je lui rappelle chaque jour l'urgence et la portée. Ces devoirs sont à la mesure des exigences légitimes du pays. Or le pays veut être administré, ravitaillé, entendu.

L'administration vient d'être confiée à des préfets régionaux dont l'autorité s'affirme chaque jour et dont les premières décisions donnent déjà bon espoir.

Le ravitaillement s'est amélioré dans certaines régions, aggravé dans d'autres et ne connaîtra d'avenir meilleur que dans la mesure où la paysannerie française comprendra la nécessité du grand effort de production qui vient de lui être demandé.

Comme au temps de Sully, elle demeure le véritable espoir de notre pays, sa meilleure réserve. À l'ampleur et à la qualité de son effort se mesureront les avantages moraux et matériels qu'elle est en droit d'espérer.

D'étroits contacts entre le gouvernement et la nation ont été prévus dans la Constitution. Cette Constitution sera bientôt prête. Mais elle ne peut être datée que de Paris et ne sera promulguée qu'au lendemain de la libération du territoire.

En attendant, j'ai prescrit la réforme des commissions administratives dans chaque département et la constitution de conseils régionaux. Un premier essai de vie représentative donnera ainsi aux élites rurales et citadines de notre pays l'occasion de faire entendre leur voix et de mieux comprendre la mienne.

Mais pour être nationale, notre révolution doit d'abord être sociale.

Je ne veux pour mon pays ni du marxisme, ni du capitalisme libéral.

L'ordre qui doit s'y instaurer ne saurait être qu'un ordre sévère, exigeant de tous les mêmes disciplines, fondé sur la prééminence du travail, la hiérarchie des valeurs, le sens des responsabilités, le respect de la justice, la confiance mutuelle au sein de la profession. Seul l'appui total donné à son action par les masses ouvrières et paysannes, dotées aujourd'hui, les unes de leur charte, les autres de leur corporation, assurera la victoire de cet ordre nouveau.

Je m'en voudrais de ne point rendre, à la fin de ce message, un hommage aux absents.

Aux morts tout d'abord. À ceux de la dernière guerre, de Narvik, de Dunkerque, de Saumur, de Mers el-Kébir, de Dakar et de la Syrie.

Aux prisonniers qui retrouvent la neige de leur second hiver et dont la déception s'accroît de tous les espoirs qu'avait fait naître le dernier été.

À ceux qui souffrent du blocus et qui se défendent, comme à Djibouti, avec la plus admirable vaillance.

Je veux aussi rendre hommage à tous ceux qui se sont dévoués à leur tâche et qui ont bien mérité de la patrie : aux femmes et aux enfants de prisonniers ; aux habitants de la zone interdite si cruellement atteints ; aux chefs de nos chantiers de jeunesse ; aux maires surchargés de travail, accablés de besogne, mais rivés à leur poste pour l'honneur de leurs communes ; au corps enseignant, à ceux de nos professeurs et de nos instituteurs qui ont fait de louables efforts pour rendre l'enseignement plus national, plus viril, plus humain.

Je veux, enfin, rendre hommage à l'Empire, fouetté de tous les coups du destin et qui m'a manifesté son éclatante fidélité.

À l'Afrique, prolongement de la France au-delà de la Méditerranée ; à l'Indochine, si fière sous l'épreuve, si grande dans sa sérénité ; à Madagascar, éloignée mais confiante ; à nos Antilles, ces joyaux de la couronne française ; aux îles loyales de notre Océanie.

Nos officiers, nos administrateurs, nos missionnaires, nos colons y ont rivalisé du même courage. Nos indigènes, associés à nos charges comme à nos épreuves, se sont révélés de vrais fils de la commune patrie. Je leur exprime, par les antennes de nos postes, mon admiration et mon remerciement.

Français, si le gouvernement qui a recueilli l'héritage de la défaite ne peut prétendre obtenir toujours votre adhésion, au moins ses actes tendent-ils à continuer l'histoire de la France.

Leur place est marquée dans les manuels qui l'enseigneront à vos enfants.

Faites que cette place reste une place d'honneur, que ceux qui viendront après vous n'aient à rougir ni de la nation, ni de ses chefs.

Dans l'exil partiel auquel je suis astreint, dans la demi-liberté qui m'est imposée, j'essaie de faire tout mon devoir. Chaque jour, je tente d'arracher ce pays à l'asphyxie qui le menace, aux troubles qui le guettent. Aidez-moi.

Faites la chaîne en me tendant la main. Prenez chaque jour sur vous-mêmes de petites victoires. Rapprochez-vous davantage les uns des autres. Rouvrez vos cœurs à l'espérance. Tous unis nous sauverons notre pays.

Vive la France !

14 février 1942

LES LÉGIONNAIRES

Légionnaires,

C'est aujourd'hui votre première assemblée de l'année.

Je salue les membres de votre directoire et de vos comités, vos chefs régionaux, vos chefs départementaux et cette cohorte imposante et neuve de votre conseil national, où s'unissent les anciens combattants de la Grande Guerre, ceux de la dernière, et ces jeunes volontaires de la Révolution nationale, ralliés à votre idéal, agrégés à votre mouvement.

Jamais la Légion n'a donné le spectacle d'une aussi large élite, d'une aussi profonde unité parmi les familles spirituelles de la France.

Jamais l'occasion ne s'est mieux offerte à moi de vous dire, en présence des représentants du gouvernement, ce que j'attends de vous, pour le bien du pays.

À mon appel, vous vous êtes levés, en septembre 1940, pour offrir au redressement de la France la caution et l'appui des générations du feu.

D'une nation divisée par ses querelles, dissociée par sa défaite, vous représentiez l'élément le plus sain, le plus sûr, le mieux trempé par l'épreuve.

Vous avez, dans votre ardent désir de servir, multiplié les efforts de recrutement, d'organisation, de propagande.

Vous l'avez fait avec enthousiasme, avec abnégation. Vous n'avez épargné ni votre temps, ni votre peine pour transformer la physionomie morale de ce pays, pour y faire admettre la primauté de l'esprit de sacrifice sur l'esprit de jouissance, de la fécondité de la famille sur la stérilité des foyers, de l'apostolat social sur l'égoïsme bourgeois.

Aussi bien le bilan de votre action est-il, dans ce domaine, largement positif.

Entr'aide aux familles des anciens combattants, vos camarades des deux guerres, assistance aux prisonniers, aux réfugiés, aux chômeurs, participation effective aux œuvres de la Croix-Rouge et du Secours National, on peut dire que sur le terrain de l'action morale et de l'action sociale vous avez pleinement réussi.

Mais la prodigieuse croissance de votre mouvement et l'inexpérience naturelle de vos premiers cadres devaient, sur d'autres terrains, vous exposer à subir certaines incompréhensions, parfois même certaines hostilités.

C'est ainsi que les hommes que vous étiez se sont heurtés à d'autres hommes, moins dégagés que vous de l'esprit du passé, moins imprégnés des nécessités de l'intérêt général, soucieux cependant de l'avenir de la France et que la rigidité de vos attitudes, la hâte de vos déterminations, l'ampleur de vos exigences n'ont pas manqué de troubler et d'inquiéter.

La France est un vieux pays politique, où l'esprit critique, fils de l'individualisme, a multiplié jadis les clans et les partis.

Les Français s'inclinent en général devant les nécessités d'une révolution, mais ils restent volontiers attachés à leurs privilèges. Ils n'acceptent que rarement de changer de maîtres et exigent de leurs nouveaux chefs, à défaut d'une autorité ou d'une valeur personnelle évidentes, beaucoup d'adresse, de souplesse, de force de persuasion.

Si j'ajoute qu'en dehors de ces traits permanents du tempérament français se manifestait à l'égard de la Légion l'indifférence ou l'hostilité voilée d'une administration dont tous les cadres n'ont point désarmé et dont les réactions vous ont souvent découragés, vous ne vous étonnerez pas qu'une certaine confusion se soit introduite dans l'esprit public au sujet de votre véritable rôle et que cette confusion ait porté préjudice aux intérêts essentiels de la concorde française.

Comme gardien responsable de l'union des Français, j'ai le devoir de mettre un terme à cette confusion.

Ainsi suis-je amené à définir ce que doit être votre action civique. L'action civique est, par définition, celle du citoyen.

Le citoyen n'est plus, aujourd'hui, cet être abstrait qu'avaient inventé certains philosophes d'autrefois et dont les droits s'inscrivaient en une préface, à la fois naïve et présomptueuse, aux diverses constitutions.

Le citoyen français de 1942 a beaucoup plus de devoirs que de droits. Il ne possède même de droits véritables que dans la mesure nécessaire à l'accomplissement de ses devoirs essentiels. Ces devoirs sont ceux que lui impose la triple communauté familiale, professionnelle et nationale, auxquels le légionnaire ne peut se soustraire s'il veut se classer parmi les bons citoyens.

Légionnaires, vous devez donc, par l'exemple de votre fidélité totale et de votre discipline absolue, garantir l'unité de la nation et son obéissance au chef, pendant les années d'épreuves qui nous attendent.

Vous devez, bannissant de vos réunions toute discussion partisane, me donner l'assurance qu'en toutes circonstances je saurai trouver auprès de vous l'appui le plus complet.

Ce n'est qu'à cette condition que la Légion deviendra le soutien véritable du gouvernement et le guide qui tracera à l'ensemble de la nation la meilleure voie pour atteindre la Révolution nationale.

La Légion ne peut être un État dans l'État. Mais elle doit apparaître, dans un ordre nouveau qui s'élabore, comme une institution qui s'affirme, par l'appui qu'elle prête au régime, par l'indispensable complément d'action qu'elle assure au gouvernement.

Elle doit, dans un esprit de large tolérance, susciter des hommes de qualité, des hommes désintéressés, surtout parmi ces jeunes, ces ouvriers, que l'aile de la guerre a moins frôlés que d'autres, mais qui se sentent le même désir de servir.

Que les nouveaux venus parmi vous s'inspirent de la confiance et de la foi dont ont fait preuve leurs aînés, qu'ils rivalisent du même souci de construire, dans le cadre d'un État plus fort, une France plus pure.

Pour vous permettre d'atteindre ces buts, il vous faut à la fois fortifier votre doctrine et améliorer vos liaisons avec les pouvoirs publics.

Votre doctrine est celle que par mes messages j'ai donnée au peuple français. Elle a déjà pénétré profondément au dedans de vous-mêmes, transformé vos façons de penser et d'agir. Mes mandataires et vos chefs, au cours de vos réunions qu'ils ont présidées en mon nom, vous en ont déjà commenté les lignes essentielles. Ils viennent aujourd'hui d'en établir une synthèse précise, vivante, susceptible de s'enrichir et de se traduire, sur tous les plans, en directives claires, en consignes appropriées.

Imprégnez-vous de ces consignes. Que vos groupements territoriaux, vos sections d'entreprises, vos instituts, vos cercles d'études, en facilitent la diffusion au sein de la masse légionnaire, pour l'amener à se transformer en une véritable élite légionnaire.

Mais, à côté des règles générales de la doctrine, il est des thèmes plus particuliers de propagande ou d'action, dont il faudra que vous assuriez, le moment venu, l'authentique et fidèle transmission.

Ce problème pose celui de vos liaisons avec le gouvernement.

Vous avez vécu, jusqu'ici, trop en marge des pouvoirs publics. Je tiens à vous associer davantage à leur action, à la fois pour vous manifester ma confiance et vous épargner des erreurs d'orientation.

Votre directeur général disposera dorénavant d'une audience plus large dans les conseils. Chacun des secrétaires d'État désignera, parmi les fonctionnaires de son département, un homme de confiance chargé de se tenir en étroit contact avec votre directoire.

Les légionnaires d'élite seront appelés en plus grand nombre dans les conseils consultatifs de l'État et dans divers organes administratifs où paraîtra nécessaire une représentation des intérêts généraux du pays.

À l'échelon régional, départemental et communal, des instructions ministérielles détermineront la part qu'il conviendra d'attribuer, dans la délibération comme dans l'action, aux représentants qualifiés de la Légion.

Ainsi se trouvera confirmée et développée la collaboration confiante, qui s'est déjà manifestée en maints endroits, notamment en de nombreuses préfectures, entre les chefs de la Légion et les représentants responsables du pouvoir central.

Légionnaires, je crois avoir suffisamment précisé ce que doit être votre rôle.

Serviteurs passionnés du bien public, dans l'obéissance aveugle au chef ou à son représentant, interprètes fidèles de sa pensée, propagandistes ardents de la Révolution nationale, vous assumerez, à partir d'aujourd'hui, des responsabilités plus étendues. Vous bénéficierez, en revanche, dans des limites précises, d'égards particuliers. Ainsi se trouveront conciliées les possibilités d'organisation du grand mouvement que j'ai fondé, et dont je conserve la présidence, avec les exigences permanentes d'un État dont l'autorité ne peut souffrir aucune délégation. Vous n'êtes pas le Pouvoir, mais vous devez en constituer la garde vigilante et permanente.

Votre action doit s'inspirer des réalités du présent et des nécessités de l'avenir français. Elle doit permettre, dans le respect de la personne humaine, la restauration des énergies françaises. Elle doit permettre à notre pays de remplir, le moment venu, sa tâche civilisatrice, dans une Europe réconciliée.

Méditez ces paroles. Découvrez-y de nouvelles raisons d'agir.

Pour moi, je n'ai cessé de vous garder ma confiance. Je suis sûr que vous continuerez à la mériter.

19 février 1942

LES PRÉFETS

Messieurs les Préfets,

La cérémonie qui vient de se dérouler est une éclatante manifestation d'union nationale affirmée par le sentiment unanime de votre assemblée. Votre serment vous lie à la personne du chef de l'État et à la réalisation de notre redressement.

Je remercie monsieur le ministre de l'Intérieur de m'avoir fait connaître, par la voix du gouverneur général de l'Algérie, les sentiments des trois préfets absents, à l'égard du gouvernement et de ma personne.

J'adresse mon plus affectueux salut aux résidents généraux du Maroc et de Tunisie, qui sont ici présents, ainsi qu'à tous les gouverneurs de nos colonies lointaines. Il m'est infiniment agréable d'avoir la certitude que la Métropole et l'Empire sont entièrement derrière nous et nous apportent leur fidélité, leur confiance et leur ardeur à « servir ».

De notre redressement, j'entends que vous soyez les principaux artisans. Votre autorité ne sera plus entravée par des compromissions ou des sollicitations qui visaient trop souvent à tourner les lois ou à y apporter des accommodements.

Rappelez-vous que l'autorité a pour base l'estime et la confiance des administrés.

L'action de présence est un moyen décisif de gagner cette estime et cette confiance. J'ai eu l'occasion d'en faire l'expérience dans plusieurs circonstances difficiles.

À mon exemple, prenez des contacts intimes avec vos populations des campagnes et des cités. Vous comprendrez ainsi leurs aspirations et leurs possibilités.

La paysannerie française a assuré la pérennité du pays à travers les vicissitudes de l'histoire. Ses traditions ont permis à la France, dans le passé, de surmonter les plus dures épreuves, et de retrouver dans l'immuable force des campagnes le courage de vivre et les raisons d'espérer.

Mais la paysannerie est à la fois garante et dépendante de l'équilibre social du pays, et les paysans ne pourraient échapper seuls aux malheurs qui frapperaient la patrie si leurs frères des villes succombaient dans les difficultés du présent.

Notre grand devoir à tous est de produire plus et de partager mieux. La leçon d'aujourd'hui est l'intime solidarité des membres d'un peuple qui ne peuvent que vivre unis ou périr ensemble.

En France surtout, les campagnes sont unies aux villes par trop de liens familiaux et sociaux, les générations urbaines sont trop proches encore des générations rurales, pour ne pas conserver entre elles d'étroites affinités. Tous, paysans et citadins, comprennent qu'il est nécessaire d'établir un plan concerté de production agricole et d'orientation des échanges. Pour augmenter la production, nous tracerons aux paysans certaines règles, nous leur demanderons d'accepter certaines sujétions. Ils devront obéir avec toute leur conscience aux règles tracées. Il y va de leur intérêt même ; il s'agit de leur responsabilité vis-à-vis de la communauté nationale.

La corporation agricole, lien naturel entre la paysannerie et les administrations, constitue ainsi un véritable service public chargé de nourrir le pays et de sauver la race française.

En enfreignant cette discipline, chaque membre de la corporation s'exclurait lui-même de l'unité nationale. En s'y soumettant, il hâte le retour des jours meilleurs et il s'associe au plus grand bienfait que puisse connaître une nation : la paix sociale.

De tous les fléaux qui menacent un peuple, le plus grand est la lutte entre classes et la haine entre frères.

J'ai dit que la solidarité des campagnes et des villes devait assurer la subsistance des citadins. Je veux dire aussi ce que doit être l'union entre les ouvriers et les patrons, entre ceux qui détiennent la force et ceux qui détiennent l'autorité.

Nous n'avons pas su, dans le passé, éviter ces conflits qui ne laissent que des ruines et ces revanches qui ne laissent que des rancunes.

La Charte du travail ne doit susciter ni la méfiance des patrons qui craignent parfois que leur autorité soit contestée, ni l'hostilité des ouvriers qui redoutent que leur voix ne soit pas entendue. Elle est faite pour aider employeurs et employés à établir un ordre stable et fécond sur leurs devoirs réciproques.

Dans ses principes, elle respecte aussi bien la hiérarchie des mérites et des services que la représentation des intérêts populaires. Dans son application elle sera, comme toutes les institutions humaines, ce que les hommes la feront.

Mes idées sur ces projets sont bien connues. J'ai confiance qu'elles seront comprises et appliquées. Ma confiance s'appuie sur l'accueil qu'ont reçu mes communications de Saint-Étienne, de Commentry, de Montluçon, d'Aubusson.

Peut-être y a-t-il encore des égoïsmes en embuscade sur les chemins de la Révolution nationale.

La première condition de la paix sociale est l'union des cœurs. Au milieu des dangers qui menacent les peuples, dans la tourmente qui envahit le monde, les pays qui éviteront la guerre civile garderont seuls la force d'atteindre des temps plus heureux.

La propagande qui se développe selon mes instructions générales et qui, localement, doit être orientée par vous est l'objet de maintes critiques.

Il faut reconnaître qu'il est très difficile de donner satisfaction à l'opinion publique sur des thèmes qui ne peuvent s'appliquer à tous les lieux et à toutes les situations. Les populations ne sont satisfaites que si elles sont informées des événements auxquels elles portent un intérêt immédiat. Or la propagande n'a pas seulement pour but de faire plaisir à ses auditeurs, elle a surtout pour objet de faire accepter les idées utiles à la Révolution nationale.

Les idées exprimées dans mes messages forment une réserve dans laquelle on trouvera les éléments d'une bonne propagande en faveur de notre redressement.

Les thèmes principaux sont :
– unir tous les Français par le travail ;

– abolir tout ce qui peut les diviser : luttes partisanes et opposition des classes ;

– écarter résolument la prééminence des intérêts particuliers sur les intérêts généraux ;

– lutter contre l'accaparement sous ses formes diverses : accaparement des consciences, accaparement des biens par les privilégiés.

Pour assurer le succès de cette propagande, je voudrais pouvoir généraliser la méthode en usage dans la zone non occupée : avoir auprès de vous des délégués officiels à la propagande chargés de divulguer cette doctrine et des propagandistes légionnaires qui, selon les traditions de la Légion, doivent travailler en plein accord avec le gouvernement et ses représentants qualifiés.

Alors, vous nous ramènerez les masses encore hésitantes.

Vous vous attacherez davantage certains fonctionnaires qui attendent la leçon des faits pour se libérer de l'emprise du passé.

Vous aiderez et stimulerez des maires qui sont pleins de bonne volonté, mais qui, dans le labyrinthe des lois et décrets, comptent sur vous pour leur faciliter leur tâche.

Une haute compréhension de votre rôle, les exemples que vous donnerez personnellement par la dignité de votre vie, la discipline dont vous ferez preuve vis-à-vis du gouvernement feront de vous des administrateurs modèles et les animateurs dont ont besoin la France souffrante et son Empire.

Votre ministre vous l'a déclaré : il veut que vous soyez de véritables chefs spirituels.

Il n'est pas de meilleure façon de résumer ce que nous attendons de vous.

C'est l'âme de la France qui est surtout à revaloriser car elle s'est trouvée, ces vingt dernières années, inférieure à son passé.

Nous lui rendrons sa qualité.

Elle redeviendra courageuse dans la souffrance, réalisatrice dans la lutte pour le relèvement national, compréhensive des nécessités de l'heure et de l'organisation d'un nouveau monde, généreuse et sans haine dans les rapprochements que nous imposeront les lendemains d'une époque tragique troublée.

Et ainsi, Messieurs les Préfets, en vous conformant à ces conseils, vous aurez travaillé pour la grandeur de la France et pour la civilisation.

23 février 1942

AUX CHRÉTIENS ET MUSULMANS D'ALGÉRIE

Français d'Algérie,

Je ne puis encore aller dès aujourd'hui vers vous, mais je vous envoie un messager qui répond à mon sentiment profond.

Que le ministre de l'Intérieur soit en même temps le ministre de l'Algérie, si chère à notre cœur, voilà qui est plus qu'un symbole politique. C'est la traduction d'une réalité vivante : celle de l'unité française.

À vous tous, Français d'Algérie, chrétiens qui poursuivez ici notre œuvre civilisatrice, musulmans qui nous apportez le magnifique exemple d'une foi intacte, je dis toute ma sollicitude affectueuse.

Vous avez pleinement mérité ma confiance. À l'heure la plus douloureuse de notre histoire, vous avez choisi la loyauté.

Liés par la fraternité d'une même discipline, par le sang versé en commun sur les mêmes champs de bataille, vous avez donné au monde l'image de l'union que j'attends de tous les Français. Dans les dures épreuves que nous traversons, un souffle de fervente solidarité ne cesse d'animer vos provinces.

Épargnée par la guerre, l'Algérie livre pourtant de pacifiques combats : de son sol surgissent des cultures nouvelles, des usines se construisent, des gisements sont découverts et exploités.

Mais cet effort créateur ne suffit pas aujourd'hui. Vous qui avez donné tant de fois des preuves de votre courage, dans la paix comme dans la guerre, vous avez le devoir de donner un autre exemple : celui de l'endurance dans les restrictions nécessaires.

Je sais que la pensée de nos prisonniers, de vos frères de la zone interdite ou de la zone occupée ne quitte pas vos esprits.

La guerre qui frappe tant de peuples dans leur chair ne saurait épargner votre bien-être. Gardez, dans les sacrifices indispensables, ce courage silencieux, cette dignité qui prouvent avec éclat au monde le droit à la résurrection d'une nation momentanément blessée.

Que dans l'épreuve, la France métropolitaine et la France africaine se resserrent ; elles se retrouveront unies quand les nuées seront dissipées. Faites-moi confiance ; c'est avec ferveur que je veille sur votre sort. Restez à mes côtés. Écoutez la voix de vos chefs qui sont, sur votre sol, les seuls dépositaires de ma volonté. Celle-ci exigera de vous d'autres efforts. La route que j'ai choisie est celle de la liberté, bien des obstacles l'encombrent. Ils sont à votre taille. Chrétiens et musulmans, vous m'avez donné des raisons d'espérer. Je vous apporte aujourd'hui des raisons de croire. Parce que j'ai foi en vous, j'ai foi dans notre destin.

5 mars 1942

LA JEUNESSE

Messieurs,

Je vous ai réunis en cette session du Conseil national afin de provoquer vos réflexions et vos avis sur les problèmes, essentiels pour l'avenir de la Révolution nationale et de la France elle-même, que pose la formation de notre jeunesse.

La guerre nous a révélé l'existence d'une jeunesse aussi courageuse sans doute que ses devancières, mais, réserve faite d'une élite trop restreinte, mal préparée dans son ensemble aux labeurs et aux devoirs qui allaient lui incomber.

Dans l'ardente volonté de relèvement que nous avons puisée au cœur même de la défaite, c'est à la jeunesse que nous avons réservé nos premiers soins. Nous nous sommes penchés sur elle avec une sollicitude d'autant plus attentive que nous ne pouvions, en bonne justice, lui demander compte d'insuffisances dont nous nous sentions, à des degrés divers, tous responsables, soit par ce que nous avions fait, soit par ce que nous avions omis de faire.

Nous avons couru au plus pressé ; nous avons, par la réforme de l'enseignement, par l'institution d'un Secrétariat général à la Jeunesse, ainsi que d'un Commissariat à l'Éducation générale et aux Sports, reconnu la complexité de notre tâche éducative et proclamé qu'elle ne devait pas s'appliquer seulement à l'esprit, mais au corps et au caractère ; nous avons encouragé les mouvements de jeunesse existants, nous en avons suscité de nouveaux ; nous avons soutenu matériellement et moralement la famille, nous nous sommes astreints à préserver nos jeunes gens de ces causes de dégradation de leurs énergies : l'alcoolisme, les livres ou les spectacles immoraux, les excitations malsaines ; nous avons éveillé en eux le goût de l'effort, le sentiment de l'honneur du travail, l'amour de la grandeur, l'esprit d'héroïsme et de sacrifice. Nous avons multiplié les expériences, le moment est venu d'en dégager la leçon. Nous avons, sous la pression des circonstances, hâtivement édifié des abris provisoires. Il est temps d'élaborer le plan d'un vaste, solide et durable édifice, répondant aux aspirations légitimes et aux besoins éprouvés des temps nouveaux.

Ce plan constructif, je l'attends du concours de vos compétences et de vos dévouements. Permettez-moi, en guise d'introduction à vos travaux, de formuler quelques-unes des directives dont il me semble qu'ils devront s'inspirer.

D'abord, vous aurez à définir la place de la jeunesse dans la nation, à situer les problèmes de jeunesse dans l'ensemble des problèmes nationaux.

Vous estimerez avec moi, je pense, que la jeunesse ne saurait constituer une sorte d'État dans l'État, et que les problèmes de jeunesse, s'ils présentent certains caractères qui obligent à les confier à des organismes spécialisés, ne sauraient, en aucune façon, être isolés de l'ensemble des problèmes nationaux, qu'ils doivent au contraire y être incorporés. Faute de quoi nous risquerions de réintroduire dans l'État, sous une forme nouvelle, ce même principe de division que nous avons voulu bannir.

L'unité nationale ne doit pas seulement être une unité dans l'espace, mais une unité dans la durée ; elle implique continuité, compréhension réciproque, harmonie entre les générations successives.

Vous aurez ensuite à répondre à la question si souvent posée : « À qui appartient la jeunesse ? »

La jeunesse n'est la propriété de personne, et personne n'a vis-à-vis d'elle d'autre droit que celui de faire son devoir, c'est-à-dire de travailler à la mettre en mesure de s'appartenir un jour à elle-même et de remplir dignement son rôle dans la cité.

Il suit de là, en ce qui concerne les rapports de la jeunesse et de l'État, que notre jeunesse doit être nationale, comme notre État lui-même, mais qu'il ne saurait être question de créer une jeunesse d'État.

La vérité, c'est que l'État, comme tout groupement national, a des devoirs envers la jeunesse. Vous aurez à préciser la nature et l'étendue de ces devoirs.

Le gros de l'œuvre revient de droit aux communautés naturelles où tout enfant se trouve progressivement engagé : famille, communautés spirituelles et professionnelles.

L'État, organe de l'intérêt général, ne saurait en aucune façon les suppléer dans cette tâche dont la complexité le dépasse, mais il a le droit et le devoir de contrôler la façon dont elles s'en acquittent, de les rectifier quand elles s'égarent, de les soutenir quand elles faiblissent, de les encourager lorsque leur action est droite, saine et féconde.

Vous aurez à examiner si, dans la France d'aujourd'hui, les communautés naturelles accomplissent comme il convient leur besogne éducatrice, dans quelle mesure il appartient à l'État de parer à leurs carences ou à leurs déviations éventuelles, par quels moyens, par quelles méthodes il peut, le cas échéant, intensifier leur vitalité, le sentiment de leurs responsabilités, la conscience de leur mission à l'égard de la jeunesse.

Il est un domaine où l'État exerce normalement sur la jeunesse une influence plus directe : c'est celui de l'école. Et tout de suite, une question se présentera à vos esprits : l'école et l'université qui la prolonge ont-elles, en dehors de leurs programmes d'enseignement, une doctrine d'éducation de la jeunesse ? Si, comme je le crains, elles n'en ont pas une, mais plusieurs, n'est-il pas nécessaire d'en dégager clairement les formules, de les confronter, de les éprouver à la lumière de l'expérience historique que nous sommes en train de vivre, de les enrichir des récentes acquisitions des « sciences de l'homme », de les fondre enfin dans une synthèse propre à assurer l'épanouissement, dans l'action, de toutes les forces de la vie ?

Cette idée de synthèse doit présider constamment à vos méditations.

C'est l'esprit d'analyse, d'éparpillement, de dissociation, qui, par ses abus, nous a conduits où nous sommes. Nous entrons désormais dans une époque de synthèse réfléchie, je dirai même systématique : synthèse de l'intelligence, des sentiments, de la volonté, pour la formation de l'homme concret et complet ; intégration de l'individu dans le milieu social, dans la région, dans la nation ; collaboration des communautés naturelles entre elles et avec l'école, avec l'université, pour la formation morale et spirituelle, professionnelle et civique de la jeunesse française ; synthèse partout et toujours. Mais le même esprit doit vivifier toutes les organisations. C'est la condition de la force de la collectivité ; c'est aussi celle de l'équilibre, de la santé, du bonheur des individus.

Mais la synthèse la plus rigoureuse n'exclut pas ; elle implique, au contraire, une juste autonomie des parties qui la composent. Vous aurez à opérer la conciliation de ces principes dans divers domaines, et notamment dans celui des mouvements de jeunesse.

Les mouvements de jeunesse sont nés, entre les deux guerres, d'un besoin réel et profondément ressenti, auquel ils ont efficacement, quoiqu'insuffisamment, satisfait. Leur diversité doit être maintenue, car elle correspond à la variété effective des familles spirituelles de la France. Toutefois, aucun d'eux n'a le droit de se cantonner dans un abstentionnisme civique ou politique qui avait sans doute ses motifs légitimes sous le régime antérieur, mais qui les a complètement perdus aujourd'hui.

La nouvelle éducation nationale n'ouvre plus sur la rue mais sur la vie.

Le mot politique a changé de sens, ou, pour mieux dire, il a repris son sens véritable.

Le développement normal, total, d'un jeune Français comporte son engagement sans réticence et sans réserve au service de la Cité et de la Patrie.

Il peut et il doit donc y avoir, entre tous les mouvements de jeunesse présents et à venir, si marqués que puissent être, sur le plan spirituel notamment, leurs originalités respectives, un élément commun d'ordre civique et patriotique, qu'il appartient à l'État de définir.

Pas plus que nous ne voulons d'une jeunesse d'État, nous ne voulons d'une jeunesse unique. Mais nous voulons, dans les limites que je viens de préciser, une jeunesse unie.

Est-il possible, est-il désirable d'aller plus loin et, dépassant le terrain de la doctrine, d'engager la jeunesse, ou une partie de la jeunesse, dans l'action civique et politique ? Cette importante et délicate question est actuellement à l'étude, un programme est en voie d'élaboration, des expériences diverses sont ou seront tentées avec prudence et discernement.

Si elles sont couronnées de succès, nous pourrons envisager la création d'un service civique de la jeunesse, à la faveur duquel une élite de futurs citoyens s'initiera au fonctionnement des grandes œuvres économiques et sociales d'intérêt national, et trouvera en elles une école féconde de générosité.

Pourrons-nous aller plus loin encore, et, si un examen attentif nous révélait chez certains jeunes une vocation politique déterminée, les grouper en cohortes, et les mobiliser au service de la Révolution nationale ? Vous me donnerez, Messieurs, votre sentiment sur ce sujet.

D'autres problèmes vont, sans doute, s'imposer à vos délibérations.

Si riches de réalisations et de promesses que soient les mouvements de jeunesse actuellement existants, ils n'encadrent qu'un septième environ de la jeunesse française. Comment en étendre le bienfait à la totalité de notre jeunesse ?

Est-il possible d'assurer l'éducation des jeunesses paysannes et des jeunesses ouvrières dans le cadre de leurs organisations professionnelles, sous l'inspiration générale et le contrôle de l'État ?

Comment compléter, dans le cadre corporatif, la formation de la jeunesse étudiante ?

Comment concevoir et réaliser, pour la jeunesse féminine, un effort parallèle à celui que nous poursuivons pour la jeunesse masculine ?

Comment articuler les disciplines d'éducation générale qui sont une des grandes nouveautés de notre réforme de l'enseignement, avec les disciplines intellectuelles consacrées par la tradition ?

Quel jugement faut-il porter sur nos écoles de cadres ? Quelles modifications ou transformations convient-il d'y apporter ? Quelle doit être la participation de l'université à la formation des cadres de la jeunesse ?

Comment enfin, par quel organisme agrandi et diversifié, l'État peut-il remplir vis-à-vis des jeunes et des mouvements de jeunesse ses devoirs d'animateur, de contrôleur et de fédérateur ?

Autant de questions à peine entrevues. Mais la grandeur et la difficulté de l'entreprise ne font qu'ajouter à nos raisons de nous mettre courageusement à l'ouvrage, puisque le salut et l'avenir de la France dépendent pour une très grande part de la solution que nous saurons apporter au problème de la jeunesse, puisque c'est dans la jeunesse que nous avons mis tous nos espoirs, et qu'elle sera, dans une large mesure, ce que nous la ferons.

Au travail donc, Messieurs, pour la jeunesse de France, pour la France de demain, pour la France de toujours.

7 mars 1942

À L'OCCASION DES OBSÈQUES DE VICTIMES DE BOMBARDEMENTS BRITANNIQUES

Devant ces rangées tragiques, où s'alignent les corps de ceux que vous aimiez, j'ai voulu, époux et épouses, pères, mères, enfants, frères et sœurs, amis des victimes, vous faire porter le message de la douleur française.

Loin de vous, brisé par le regret de ne pouvoir mêler mes larmes aux vôtres, j'ai tenu à ce que vous sentiez qu'en ces minutes de l'adieu, la France, la France tout entière se recueillait à vos côtés, dans les cimetières de la banlieue martyre.

Les mots se serrent dans ma gorge pour dire ce que nous éprouvons, tant les récits de la nuit d'épouvante hantent notre pensée.

Rues soufflées, quartiers rasés, familles décimées, enfants précipités de leur berceau dans leur tombe, pauvres restes arrachés aux décombres sous la fumée suffocante, relève au petit jour des tués et des blessés, nous avons vécu, minute par minute, vos affreuses tortures.

Elles ont atteint la France au plus profond de son âme.

Les paroles de haine ne peuvent, en cette heure, se mêler aux paroles de pitié. L'Histoire a déjà jugé la criminelle agression d'une ancienne alliée qui n'a laissé nos soldats entrer seuls dans la mort, que pour y jeter, deux ans plus tard, avec la plus froide résolution, nos civils innocents.

Il n'est pas de lois de la guerre, il n'est point de prétextes qui puissent justifier, devant la conscience humaine, d'aussi sanglantes hécatombes.

Quant à vous, ouvriers tombés au champ d'honneur de notre Paris, le long du ruban rougi de la Seine, au sortir de votre travail, comment ne pas vous exprimer deux fois la reconnaissance de la France ? Car vous vous êtes deux fois sacrifiés pour elle, dans vos existences difficiles, dans votre mort injuste.

Qu'un jour, au-dessus des usines, des chantiers, des ateliers, un monument du souvenir et de la fidélité puisse attester, pour les générations qui montent, l'honneur ouvrier de Paris, dans la détresse, dans l'abnégation, dans le don de soi-même, tel est, aujourd'hui, mon plus cher désir.

Et maintenant, morts de notre cité, morts de notre capitale, morts douloureux, morts pleurés de la France entière, entrez, au son de nos cloches en deuil, dans le grand sommeil de Dieu.

1er mai 1942

L'ARTISANAT

Français,

L'année dernière, je vous ai donné, dans mes messages de Saint-Étienne et de Commentry, des directives pour l'organisation professionnelle et sociale du pays. Je vous ai invités à rompre avec l'idéologie malsaine de la lutte des classes. J'ai demandé aux patrons, aux ingénieurs, aux techniciens, aux ouvriers, de collaborer d'un même cœur à la création des institutions qui feront régner la paix et la sécurité dans le monde du travail.

La charte du 4 octobre 1941 a tracé le cadre de l'organisation future. Des aménagements restent nécessaires, mais déjà plus de mille comités sociaux d'entreprises fonctionnent ou vont fonctionner ; les principales familles professionnelles sont délimitées, les commissions d'organisation se mettent progressivement au travail.

C'est sans arrière-pensée, c'est avec une foi profonde dans la grandeur de la tâche à accomplir que vous devez vous unir pour cette création collective de nos institutions sociales.

Patrons, ne cherchez pas à rétablir, par les comités sociaux, une hypocrite domination sur la vie des salariés. Ouvriers, ne tentez pas de reprendre, par eux, une politique de classe. Ingénieurs et techniciens, prodiguez à ces comités votre intelligence, votre science, votre capacité d'organisation.

Il s'agit de construire l'œuvre sociale et de regagner, dans ce domaine où nous avons tant de retard, le temps perdu autrefois en agitations stériles.

Il s'agit, par l'effort ardent et obstiné de tous les éléments de la profession, de résoudre les problèmes sociaux qui ont une influence directe sur la production.

Il s'agit de recréer, par des mesures inspirées d'un large esprit social, de véritables communautés de travail, les questions de salaire, d'embauchage, de débauchage étant réglées en bonne harmonie.

Il s'agit de donner à tous des organisations de prévoyance, d'améliorer l'hygiène et la sécurité dans les ateliers.

Il s'agit enfin, au-delà des préoccupations immédiates, d'assurer la formation professionnelle des jeunes et de créer progressivement les patrimoines collectifs qui donneront la stabilité aux œuvres sociales des corporations.

Il n'est pas trop, pour cela, de la collaboration de tous et je vous demande, au moment où nous entrons dans la phase constructive, de vous y donner complètement et d'y entraîner par votre exemple les hésitants.

C'est plus particulièrement à vous, artisans, que je m'adresse aujourd'hui de cette ville de Thiers qui a tiré sa célébrité des produits de qualité forgés par vos mains.

L'artisanat est une des forces vivantes de la France et j'attache à sa conservation, à son développement, à son perfectionnement, une importance toute particulière.

La France est avant tout un pays agricole. La renaissance de nos campagnes ne pourra se faire que si l'artisan apporte au paysan, jusque dans la moindre commune, le concours de son industrieuse activité. L'artisan ferre les chevaux, répare les instruments et les machines agricoles, aménage les fermes et les granges, fabrique les harnais et les charrettes. Avec un peu de bois, de fer ou de cuir, il pare à toutes les nécessités immédiates de la vie rurale.

L'artisan est aussi l'auxiliaire de l'industriel. Il intervient dans certaines phases de la fabrication ou produit certaines pièces de machines qui sont à la mesure de ses modestes ateliers. Il entretient ou répare aussi les machines qui sont déjà en fonctionnement. Dans un monde industriel qui tendrait à se concentrer à l'excès, il maintient heureusement le travail familial dans les cités industrielles elles-mêmes.

La France est depuis longtemps le pays des productions de qualité. Les artisans de nos métiers d'art et de tradition sont les dépositaires de tours de main qu'ils ont appris des anciens et qu'ils enseignent aux générations qui montent. Le génie de la France la prédispose à exceller dans les fabrications où peuvent s'épanouir le goût individuel et l'art des plus habiles. Dans les compétitions économiques futures, c'est surtout par la qualité qu'elle retrouvera sa place.

Un artisanat vivant et fécond est par conséquent l'un des éléments essentiels de notre politique économique de demain.

Mais l'artisanat est aussi un des plus solides soutiens de la paix sociale. Il n'y a pas de lutte de classe possible dans l'atelier artisanal. Le maître, le compagnon, l'apprenti travaillent au même établi, avec les mêmes outils. Tous ensemble, ils transforment la matière en un produit beau et bien fait.

Unis dans le travail, ils le restent dans la vie sociale. Tous ont reçu la même formation. Leur atelier est une famille et le beau mot de « compagnon » rappelle que bien souvent ils partagent le même pain.

L'artisanat est ainsi une pépinière de bons travailleurs qui maintiennent dans les métiers modernes les vertus professionnelles qui ont fait, pendant des siècles, la renommée du travail français.

Un même idéal les unit : celui de l'ouvrage bien fait, comme le prouvent ces nobles et anciennes traditions que font revivre encore aujourd'hui les compagnons du tour de France.

Comment pourrait-on diviser ce qui est uni par le travail ? En vérité, la question ne se pose pas.

C'est pourquoi la Charte du travail a prévu que votre intégration dans les organisations professionnelles générales se fera en sauvegardant l'unité sociale de l'artisanat.

Mais pour que l'artisanat puisse jouer son rôle et conserver ses précieuses traditions dans le climat nouveau de l'économie, il faut qu'il soit doté d'un statut qui assure sa permanence et sa protection.

Déjà vous avez vos Chambres de Métiers où figurent maîtres et compagnons. C'est sous leur égide que doit se faire votre représentation dans les comités sociaux ; c'est autour d'elles que doivent se constituer et prendre leur forme définitive vos groupements professionnels spéciaux par lesquels vous pourrez faire entendre votre voix et défendre vos intérêts, aussi bien dans les Comités d'organisation que dans les comités sociaux.

Votre problème à vous est un problème de regroupement en des communautés qui vous assurent la force par l'union au sein de chaque métier. Abandonnez donc les anciennes divisions qui vous séparaient, artisans d'un même métier, en associations rivales.

Dans une même circonscription, il ne doit plus y avoir qu'une seule communauté de forgerons, ou de vanniers, ou de serruriers, toutes ces communautés ayant entre elles le lien interprofessionnel que constitue la Chambre de Métiers. Il ne doit plus subsister qu'une seule préoccupation : l'entr'aide professionnelle et sociale, à l'exclusion de toutes les rivalités anciennes.

En rendant possible la création de corporations pour certaines branches d'activité où l'unité est déjà faite entre les patrons et les ouvriers, la Charte a offert aux métiers artisanaux une grande facilité d'organisation où vos groupements particuliers pourront trouver leur forme définitive.

Et d'autre part, pour les branches d'activité où la forme corporative ne saurait être adoptée, la Charte prévoit votre représentation dans les comités sociaux par l'entremise des Chambres de Métiers dont vos communautés seront les sections professionnelles spécialisées.

Un travail intense d'organisation a déjà été fait parmi vous dans cet esprit, grâce à l'action conjointe de vos présidents de Chambres de Métiers et des délégués des services de l'artisanat. Les premières réalisations telles que la création des bureaux artisanaux des matières et de vos groupements artisanaux professionnels, ainsi que l'amélioration progressive de vos Chambres de Métiers par leur décentralisation jusqu'au canton et parfois jusqu'à la commune, sont déjà des progrès importants.

C'est par un effort incessant pour développer et améliorer ces institutions que vous pourrez accomplir avec un plein succès les grandes tâches que vous avez commencé d'entreprendre et tout particulièrement : l'aide aux sinistrés et aux prisonniers ; l'extension de votre capacité de production par votre perfectionnement technique, vos coopératives, vos belles expositions ; et surtout le développement de l'apprentissage et la formation de la jeunesse laborieuse.

Je vous demande de poursuivre la tâche entreprise et d'y appliquer toute votre activité, tout votre dévouement.

Artisans, maîtres et compagnons, sortez de votre isolement ou de vos luttes de partis, et entrez dans la grande organisation professionnelle et sociale qui doit donner sa stabilité à la France de demain.

Chacun doit faire l'effort nécessaire pour cette création commune des institutions. N'attendez pas que celles-ci jaillissent toutes formées des seuls textes de lois.

Les lois ne font que fixer les cadres où s'ordonnent les activités des hommes. C'est aux professionnels eux-mêmes, c'est à vous, hommes de l'industrie, du commerce, de l'artisanat, de déployer les ressources de votre dévouement à vos camarades de labeur, pour faire naître ces institutions dans le cadre de la loi, pour dégager les meilleurs d'entre vous et pour former les traditions professionnelles et sociales sans lesquelles les lois ne sont que des paroles sans vie.

La France a confiance en vous pour accomplir cette grande œuvre.

2 mai 1942

MESSAGE AUX PARISIENS

Nous traversons encore en ce moment une période très pénible, très dure. En conséquence, je ne peux pas répondre comme je le voudrais à vos affectueuses paroles qui me touchent énormément.

Je pense à vous, je pense à Paris. Je pense à ce que Paris renferme, à toutes les élites qui y sont centralisées et qui représentent véritablement à tous points de vue, matériellement même, le cœur de la France... J'y pense constamment...

Il est évident que bien des choses s'opposent à ma rentrée là-bas. L'accueil de Paris, vous me dites ce qu'il sera. Mais je voudrais bien n'y trouver aucun sentiment hostile comme certains Français en ressentent encore à mon égard. Par conséquent, vous admettrez que j'attende le moment favorable, et alors c'est de tout cœur que j'irai vous voir.

En attendant des jours meilleurs, travaillons ensemble, soutenons-nous mutuellement, parce que j'ai besoin du cœur de tous les Français.

Le cœur de Paris ne représente pas toute la France, qui est toujours un peu divisée, mais l'union totale se fera, j'en suis sûr. Si, à travers de grosses difficultés que je n'arrive pas toujours à vaincre, vous me soutenez, j'aborderai cette tâche d'un cœur beaucoup plus libre, plus confiant.

Avoir la confiance de Paris, c'est pour moi un soutien dans mes difficultés, dans mes inquiétudes.

10 mai 1942

FÊTE DE JEANNE D'ARC

Mes amis,

Votre ville s'enrichit aujourd'hui d'un monument consacré à Jeanne d'Arc dont le nom seul suggère l'idée d'un rapprochement entre la période actuelle et celle où elle a vécu.

Depuis un siècle, la France s'affaiblissait en querelles intérieures qui aggravaient les conséquences tragiques de la guerre étrangère. Le pays était partiellement occupé par les Anglais, qui formaient un parti important. La propagande étrangère s'attachait à diviser l'opinion, et l'on en venait à ne plus savoir penser français. La France doutait d'elle-même et de son chef. On eût dit que tout ressort était brisé et que le pays était devenu incapable de trouver en lui-même les éléments de son redressement. La majorité des Français n'attendait son salut que de l'Angleterre.

Ce tableau rappelle de façon saisissante celui que nous avions sous les yeux récemment encore. Mêmes faiblesses, mêmes divisions, mêmes doutes de soi-même, mêmes vains espoirs placés sur l'étranger. Devant l'effondrement du mois de juin 1940, on avait bien senti qu'il eût fallu faire quelque chose ; qu'il eût fallu d'abord, dans un grand élan de sincérité, reconnaître ses erreurs passées et entreprendre de se corriger soi-même. On avait pris conscience de la nécessité de se réformer, et l'on avait fait un effort. Mais bientôt la leçon s'estompait dans le passé, et trop de Français, découragés ou inconscients, étaient tentés de reprendre les routes faciles qui les avaient déjà menés au désastre.

La voie que nous propose Jeanne d'Arc est tout autre. Dans la confusion générale, elle a trouvé le chemin du salut. Si elle a pu sauver la France tombée si bas, sans doute nous suffirait-il d'appliquer les mêmes remèdes pour guérir encore une fois cette France malade.

Le premier de ses remèdes a été l'amour. Elle suivait avec une passion désolée les nouvelles du pays qui parvenaient à son village de Lorraine, et elle s'émouvait profondément de la grande pitié du royaume. S'oubliant elle-même, elle souffrait de la souffrance des autres et elle se sentait disposée à sacrifier sa tranquillité, sa famille, sa vie même pour atténuer cette souffrance. Par-là, elle nous enseigne à lutter contre nos égoïsmes.

L'autre remède était la foi. Elle croyait en son Dieu, en son pays et en son roi. Animée de cette foi ardente, libérée de tous les doutes, elle s'attaqua hardiment à tous les obstacles qui se dressaient sur sa route. Pourtant, elle ne connut pas le succès tout de suite. Trop d'égoïsmes l'entouraient, trop de lâchetés, trop de scepticismes, trop d'intrigues. Il fallut lutter durement avant de voir se ranimer les énergies. Secouer tout un peuple est une lourde tâche. C'est seulement après de rudes efforts qu'elle eut la joie de se sentir suivie. On comprenait enfin la nécessité de se grouper derrière le chef, et d'abandonner les chimères de l'étranger. On commençait à concevoir qu'un peuple ne peut attendre son salut que de lui-même, que pour cela il doit s'unir, se discipliner, cesser de discuter ses chefs. Dès que Jeanne eut réussi à faire admettre autour d'elle cette grande vérité, ce fut l'élan irrésistible, la délivrance d'Orléans, le sacre du roi à Reims. La France était guérie du doute, elle aussi désormais croyait en Dieu et en son chef. Elle était sauvée. Mes amis, sous l'égide de Jeanne d'Arc dont nous méditons l'exemple, je vous convie à appliquer les mêmes remèdes. Pensez davantage aux autres et moins à vous-mêmes. Fermez les oreilles aux propagandes étrangères, et groupez-vous étroitement derrière votre chef, n'ayant plus dans vos cœurs que des pensées françaises.

Faites de cette consigne la règle de votre vie, et bientôt vous aurez, comme Jeanne d'Arc, la joie de voir la France reprendre le chemin glorieux de ses destinées éternelles.

17 juin 1942

LE SORT DE LA FRANCE

Français,

Le 17 juin 1940, à l'heure tragique de la demande d'armistice, je vous engageais à taire vos angoisses pour n'écouter que votre foi dans les destinées de la patrie.

Une année plus tard, le 17 juin 1941, je vous annonçais que l'épreuve serait longue et dure.

Je ne puis aujourd'hui vous tenir un autre langage.

Le sort de la France est en suspens devant le monde où les souffrances de la guerre dominent de très haut nos plaintes et nos maux.

Et, de quelque amertume que s'accompagne notre lente expiation, c'est à la décision d'il y a deux ans qu'il convient de rendre d'abord son véritable sens. Grâce à elle, nos possibilités de redressement demeurent.

Responsable de la vie physique et morale de la France, je ne me dissimule point, cependant, la faiblesse des échos qu'ont rencontrés mes appels.

Certes, le gouvernement de ce pays n'a pas été exempt d'erreurs. À l'insuffisance des denrées nécessaires à la vie, une administration trop souvent désinvolte et parfois incapable a laissé s'ajouter des inégalités et des abus. L'ouvrier souffre, et sa passivité forcée ne peut être prise pour de la résignation, le paysan s'impatiente, les maires sont surchargés de besogne, le châtiment des spéculateurs demeure insuffisant.

Mais, croit-on que le recours aux méthodes d'autrefois nous eût plus certainement sauvés ? Croit-on surtout, qu'à côté des déficiences trop réelles de l'État, l'inertie, la convoitise, l'égoïsme de beaucoup de Français n'aient point rendu vains bien des efforts ?

Et si, parfois, le mécontentement grandit, si la colère gronde, n'est-ce pas d'abord contre l'injustice qu'ils se manifestent, contre la dureté des cœurs, contre le pouvoir avilissant de l'argent, contre ces lâchetés humaines qui sont, certes, de tous les temps, mais que la misère du peuple rend aujourd'hui doublement odieuses ?

J'ai souffert, bien souvent, en constatant qu'au lendemain de la défaite, trop de Français n'avaient point su s'élever à la hauteur de leurs devoirs.

Et, cependant, je ne perds pas confiance.

Les lassitudes, les négligences, les reproches ne m'ont pas rebuté. Un sourire d'enfant, le regard d'une mère, l'ardeur décidée des jeunes me rendraient, s'il était nécessaire, tout mon courage.

Dans cette succession d'espoirs, d'échecs, d'incertitudes, de sacrifices, de déceptions qui marquèrent les deux premières années de l'armistice, n'était-ce point, au fond, la France blessée, la France aveugle qui se cherchait ?

Elle se retrouvera j'en ai la certitude.

Chassez le doute de vos âmes, mes chers amis et bannissez-en, si vous le pouvez, l'acerbe critique.

Pensez au chef qui vous aime et qui, pour vous, se tient encore debout sous l'orage.

Il n'oublie, croyez-le, ni vos prisonniers qui sont si loin, ni vos champs qui vous occasionnent bien des déceptions, ni vos usines qui tournent avec tant de peine, ni vos foyers que visite la faim.

Il voudrait, pour vous, faire plus encore. Puisse-t-il au moins, en ce second anniversaire de l'une des dates les plus cruelles de notre histoire, vous faire partager la grande espérance qui l'anime toujours et dont il demande à Dieu qu'il la réalise, même après sa mort, pour le salut de notre pays.

Vive la France !

8 juillet 1942

LA CORPORATION PAYSANNE

Discours prononcé à Tulle

Messieurs les membres de la corporation,

Dans un message de Pau du 20 avril 1941, j'annonçais la volonté du gouvernement de donner à la paysannerie la place qui lui revient dans la nation et d'organiser la corporation paysanne. Celle-ci a été créée, en effet, par la loi du 2 décembre 1940 dont l'objet est de rassembler toutes les forces rurales françaises groupées dans un véritable esprit d'union.

[...]

La politique agraire du gouvernement est fondée sur le concours de la paysannerie tout entière qui doit être unie, forte, instruite et intéressée aux résultats.

L'organisation corporative doit dégager les élites qui, ayant conscience des buts à atteindre, travaillent avec l'aide du gouvernement à hausser la paysannerie.

La corporation doit demeurer essentiellement paysanne. Sa base est le village. Son rôle est de faire régner la justice. Mais la justice ne comporte pas seulement des droits, elle comporte aussi des devoirs.

Ces devoirs sont d'abord ceux que vous dicte la solidarité française qui est plus indispensable dans le temps que nous vivons qu'elle ne le fut à aucune autre époque de notre histoire.

Le gouvernement demande aux ouvriers des cités de faire preuve de solidarité en allant faire la relève de nos prisonniers.

À vous, unis dans votre corporation, il demande de ravitailler les villes où trop souvent des hommes, des femmes et des enfants ont faim.

Je n'ignore rien des difficultés auxquelles vous vous heurtez dans l'accomplissement de votre tâche. Je ne vous demande pas moins de la poursuivre et de faire plus encore.

Il y va de la vie du pays.

Si la corporation paysanne doit vous aider à résoudre les difficultés quotidiennes, elle doit aussi permettre d'accomplir, grâce à l'appui que lui demandent les pouvoirs publics, la réglementation qui vous accable.

Tel est le domaine de l'immédiat. Mais la corporation paysanne n'est plus une réalisation temporaire, faite seulement pour passer un moment particulièrement difficile. Il faut qu'elle soit une œuvre durable, qu'elle soit la pierre angulaire de l'édifice corporatif de la France de demain.

Et plus tard, paysans de France, vous pourrez dire avec fierté : « Nous avons été le premier jalon de la renaissance française. »

15 août 1942

MESSAGE AUX SCOUTS EN PÈLERINAGE À NOTRE-DAME DU PUY

Scouts de France, mes jeunes amis,

J'aurais voulu me joindre à vous aujourd'hui pour renouer, je l'ai dit il y a un an, « le fil d'or d'une grande tradition nationale ». Aux jours de deuil et aux jours d'espérance, la France entière et ses rois sont venus au Puy pour manifester leur confiance, leur espérance et leur foi.

Guidés par une même pensée, la volonté tendue vers un même but, scouts chrétiens de la Métropole et de l'Empire, scouts musulmans de l'Afrique, ouvriers, paysans, vous êtes arrivés par milliers. Vous avez ainsi réalisé l'image de cette union et ajouté aux difficultés du voyage la fatigue de longues marches à pied.

La manifestation d'aujourd'hui est ainsi un symbole d'union, d'efforts dans le sacrifice et de foi dans l'avenir de la France.

C'est aux scouts que revient l'honneur d'avoir réalisé ce rassemblement. Que cet hommage leur soit rendu ainsi qu'aux chefs qui les animent.

Ils ont confirmé à nouveau leurs qualités éminentes et, avec la belle ardeur de la jeunesse, ils les ont données en exemple au pays tout entier.

Scouts de France, votre discipline vous impose chaque jour une bonne action ; celle d'aujourd'hui vous sera comptée plus que toute autre.

Je suis venu, moi aussi, me recueillir dans cette cathédrale. Je suis donc près de vous par le cœur et par ma foi dans nos destinées. Ensemble, unissons-nous dans une prière fervente pour que notre Pays soit libéré des épreuves qu'il subit en ces jours.

Tournons notre pensée vers nos prisonniers. Il faut qu'ils sachent que tout a été mis en œuvre, dans le domaine spirituel comme dans le domaine temporel, afin qu'ils retrouvent le patrimoine dont nous avons garde. La Vierge du Puy les protège. La France endeuillée les attend.

C'est sur la jeunesse et par la jeunesse que je veux rebâtir notre pays dans l'Europe nouvelle. Pour cette grande œuvre, je fais appel à tous les jeunes.

Par votre exemple, votre goût de « servir », la chaleur de votre amitié, donnez à tous vos frères le désir de se rassembler, montrez-leur le chemin de l'avenir qui est celui de l'union de toutes les bonnes volontés en vue du bien commun.

Ce grand effort, je vous demande l'accomplir.

C'est le sens profond du pèlerinage en ces hauts lieux où, tant de fois, l'âme de France s'est retrempée.

En renouant une de nos plus anciennes traditions, vous montrez que cette âme est demeurée vivante en vous. Elle est pour notre pays le gage de sa résurrection.

30 août 1942

APPEL À LA LÉGION FRANÇAISE DES COMBATTANTS

Discours prononcé à Clermont-Ferrand

Légionnaires de la France et de l'Empire,

En ce deuxième anniversaire de la fondation de la Légion, je vous renouvelle le témoignage de ma confiance et de mon affection.

Vous avez, sur le tertre de Gergovie, rassemblé ce matin les terres de nos provinces et de l'Empire. L'unité française a retrouvé, grâce à vous, la puissance de son symbole.

Vous vous êtes souvenu qu'il n'était qu'une seule et même France : celle qu'en des siècles nous avons forgée, celle qui mérite le don de vos esprits et de vos cœurs.

Comme le pays, vous avez vécu des heures difficiles, comme lui, vous les avez courageusement supportées.

Hier sous l'uniforme, aujourd'hui sous le veston ou la blouse, vous demeurez mobilisés au service de la patrie. Que le souci de la discipline à accepter, de la misère à soulager, de la vérité à répandre restent vos préoccupations quotidiennes.

La France d'aujourd'hui doit s'affirmer dans une politique constructive et mettre en œuvre les grands mots d'ordre de la Révolution nationale : un pouvoir fort et libre, des professions organisées, la famille respectée et soutenue, une réglementation qui permette à chacun de vivre.

D'importantes réformes ont déjà été promulguées : la Charte du travail, la corporation paysanne ; mais je rencontre encore trop d'entraves dans leur application.

Une secte, bafouant les sentiments les plus nobles, poursuit, sous le couvert du patriotisme, son œuvre de trahison et de révolte.

Trop de Français regardent en arrière et croient encore possible un retour vers la facilité et l'ancien régime : professionnels de l'élection qui ont perdu leurs privilèges, bourgeois d'affaires aveuglés par leur égoïsme, trusts avides de retrouver leur hégémonie, administrations souvent passives, sinon hostiles.

Je vous le déclare, une page de notre histoire a été définitivement tournée. Le passé est bien mort, c'est vers un avenir de courage, d'honnêteté, de patience et d'union que le pays doit résolument se tourner. Son union est à ce prix.

C'est pourquoi mon gouvernement et son chef, M. Pierre Laval, poursuivront et mèneront à son terme, en dépit des obstacles, la Révolution nationale, qui, sur les ruines d'un régime qui s'est effondré dans la défaite, construit à travers des difficultés sans cesse renaissantes la France nouvelle.

Légionnaires, vous avez été bien souvent les témoins de mon inquiétude et de mes impatiences. Je veux pourtant vous laisser aujourd'hui une parole d'espoir.

Peu à peu, je sens germer au plus profond de la nation le grain que mes messages ont semé et que les mauvaises herbes, l'égoïsme et les regrets malsains, l'insouciance, l'esprit de lucre cherchent à étouffer. Mais des terres mêlées à Gergovie sortira un arbre robuste dont les rameaux s'élanceront vers le ciel.

On peut demander beaucoup à un peuple lorsque les chefs qui le dirigent ont foi dans leur mission.

J'ai foi dans celle qui m'a été confiée.

Je n'admets ni le doute, ni les surenchères, ni les murmures d'où qu'ils viennent.

Ranimez à mes côtés la flamme de notre destin. Soyez les ferments actifs de la rénovation française. Nos prisonniers et le pays tout entier ne vous ménageront pas leur confiance lorsqu'ils sauront par quels sacrifices vous l'aurez méritée.

Légionnaires, S.O.L., mes amis, vous pouvez guider notre effort en accomplissant chaque jour un devoir envers la patrie, celui auquel vous vous êtes engagés : « servir ».

Que ce devoir dirige vos consciences, règle votre existence et domine vos pensées, la France alors sera sauvée.

3 septembre 1942

AUX INSTITUTEURS DE FRANCE

Discours prononcé à Vichy

Instituteurs de France,

C'est un devoir pour moi, autant qu'un besoin, de penser sans cesse aux Français puisque je leur appartiens. Mais parmi les Français, il n'en est point vers lesquels ma pensée revienne plus souvent, ni plus volontiers que vers les instituteurs.

Comment en serait-il autrement ? À l'âge où je suis parvenu, faisant un retour sur ma vie avec une impartialité sereine, j'y trouve une continuité qui m'a préparé à des tâches que je ne pouvais pas prévoir.

Dans tous les commandements militaires que j'ai exercés, depuis les plus modestes jusqu'aux plus élevés, j'ai toujours eu le goût et le souci de rejoindre dans leur nature les hommes qui dépendaient de moi, de me faire comprendre d'eux et de gagner leur confiance. C'est cette confiance qui m'a soutenu aux heures sombres, m'a donné la possibilité de dominer la crise de découragement qui avait atteint l'armée française en 1917 et m'a permis de la ramener dans le devoir.

On m'a demandé souvent par quelle voie j'avais pu obtenir ce résultat. J'ai répondu invariablement : le procédé n'est pas mystérieux, j'aimais mes soldats, ils savaient que je ne les exposais pas à des dangers inutiles et que je veillais à satisfaire leurs besoins.

Cette affection que j'avais pour le soldat et que je lui garde, je l'étends maintenant à la jeunesse et aux travailleurs afin de mériter aussi leur confiance. Car la confiance ne se commande pas, elle se mérite. Messieurs, je vous livre mon secret, utilisez-le. Personne n'est mieux qualifié pour gagner la confiance de la jeunesse que l'instituteur ou le professeur. Je le sais par expérience, car j'ai été successivement amené à remplir de telles fonctions dans l'armée.

En participant d'abord à l'instruction des recrues comme jeune officier, puis à celle des cadres et enfin à celle des élites de l'armée comme professeur à l'École supérieure de guerre.

Au poste que j'occupe actuellement, mes messages à la nation ne constituent-ils pas un véritable enseignement ? C'est donc comme instituteur que je me présente à vous aujourd'hui et que je me permets de vous adresser quelques conseils. Instituteurs de France, vous êtes à la fois des éducateurs et des instructeurs. Vous prenez possession de l'enfant pour former en lui l'homme. Faites-les grandir pour la santé et la grandeur de la France, ces petits Français que la nation remet entre vos mains.

Apprenez-leur d'abord de quelle auguste histoire ils sont tous issus. Apprenez-leur qu'un grand peuple dure autant par la continuité d'innombrables mérites obscurs que par les services les plus brillants où se révèlent, dans une cohésion admirable, les grands hommes et les braves gens.

Révélez-leur l'excellence, la dignité, la noblesse des humbles métiers ; montrez-leur que toute tâche est belle où une âme humaine se met tout entière ; enseignez-leur que les peuples où il fait bon vivre sont ceux où personne ne vit isolé ; montrez-leur que l'égoïsme qui prétend faire le bonheur de chacun assure en réalité le malheur de tous, dites à ces enfants les vérités de la vie. En un mot, formez, pétrissez, préparez cette immense élite des âmes sans laquelle l'élite des talents ne servirait à rien.

Cette tâche nécessaire est difficile : cependant il me semble qu'elle peut devenir aisée si vous vous recueillez pour penser à votre rôle et connaître votre devoir. La vie simple que mènent la plupart d'entre vous dans des bourgs et des villages vous met plus près des choses essentielles qu'on ne l'est dans la confusion des grandes villes.

Vous avez à toute heure devant les yeux : la mairie où la vie de la commune rencontre l'action de l'État ; le cimetière où sont les morts ; l'église dont la cloche fait entendre chaque jour l'appel à la prière ; vous apercevez les forêts et les moissons.

Ainsi la France réelle vous parle par toutes ses voix ; écoutez-les et vous direz ensuite aux petits Français ce qu'il faut leur dire.

Messieurs les Instituteurs, je suis résolu à rendre à votre fonction la dignité qui lui revient.

Je désire que vous soyez honorés et que les conditions de votre vie soient assez assurées pour vous permettre de les oublier en vous donnant tout entiers à votre tâche.

Vous et moi nous travaillons à la même cause.

Travaillons-y du même esprit et du même cœur.

29 septembre 1942

AUX FRANÇAIS ET AUTOCHTONES DE MADAGASCAR QUI RÉSISTENT AUX ANGLAIS

Français de Madagascar et habitants de la grande île,

Au cours de ces derniers mois, vous avez tous, civils et militaires, vécu des heures graves. Aujourd'hui vous subissez la suprême épreuve. En mai, c'était l'attaque de Diego-Suarez. Depuis quinze jours, c'est l'invasion méthodique et massive de votre territoire.

Dans tous les pays, l'hommage des hommes de cœur ira à ceux qui ont opposé leurs poitrines aux avions et aux chars, qui ont combattu jour après jour, soutenus non par l'espoir de la victoire, mais par le sentiment austère que leur sacrifice était nécessaire à la patrie.

Après la prise de Tananarive, une poignée d'hommes, sous la conduite de deux grands Français : le gouverneur général Anet et le général Guillemet, continuent à se battre dans la savane malgache. Leur geste dépasse les frontières de la grande île. Grâce à lui, la voix de la France pourra s'élever plus fière dans le monde.

Vous tous, Français d'origine ou Français d'adoption, vous avez donné de Madagascar un nouvel et magnifique exemple à l'Empire français. L'Angleterre peut occuper Madagascar ; elle ne surmontera pas un obstacle qui résiste aux mitrailleuses et aux canons : votre volonté tenace de rester Français. Est-il pour la France une plus belle espérance ? Français, vous êtes restés envers et contre tout, après la défaite, vous vous êtes ralliés à ma voix. Sous une occupation inique, la fidélité à la patrie sera votre seule loi.

Je suis près de vous. Quoi qu'il arrive, gardez votre confiance. La fortune n'est pas toujours contraire. Un héroïsme comme le vôtre est la marque d'une France qui veut rester grande.

24 décembre 1942

FACE AU DANGER

Français,

Je n'ai pu me résoudre à ajouter à la détresse de l'année qui s'achève celle d'une nuit de Noël passée dans le silence entre vous et moi.

Des événements douloureux récents auraient pu m'inciter à prendre cette attitude, mais j'ai pensé que je me devais à tous ceux qui souffrent, qui attendent du chef un mot de réconfort et d'encouragement : familles en deuil, peuples des villes qu'accablent les privations, mères anxieuses de la santé de leurs enfants, prisonniers que tourmente la pensée des êtres chers dont ils sont séparés.

N'y a-t-il pas aussi les autres, les fidèles de la France et de l'Empire, mes légionnaires, nos soldats sans armes, nos marins sans navires, nos ouvriers qui travaillent à l'étranger ? À tous je dis mon espérance invincible dans l'avenir.

En cette nuit de Noël où les hommes les plus rudes retrouvent un cœur d'enfant pour croire et pour aimer, je songe avec émotion que la France, au cours des siècles, n'a pas cessé d'être aimée et proclamée par beaucoup de peuples leur deuxième patrie. À cette époque on avait foi en la parole et en l'honneur des Français.

En juin 1940, je vous avais promis de rester parmi vous. J'ai tenu ma promesse et me voici toujours au poste que l'Assemblée nationale m'a assigné, toujours prêt à servir.

Mon honneur à moi est de rester à ce poste, face au danger, sans armée, sans flotte, au milieu d'une population malheureuse.

Votre honneur à vous est de redonner à ce beau mot toute sa valeur, en vous aimant les uns les autres, en soulageant les misères, en rendant à la France son vrai visage. Ne croyez pas qu'un pays puisse se sauver sans l'effort de chacun. Ceux qui vous le disent mentent. Travailler, s'entr'aider, obéir doivent être vos seuls mots d'ordre.

Restez dignes dans le malheur. N'abandonnez jamais une parole donnée. Soyez toujours des exemples de loyauté, de fierté et d'honneur. Vous deviendrez ainsi un symbole.

Le monde recherche la lueur qui lui permette l'espoir de la paix.

À cette paix je n'ai cessé de penser depuis deux ans et de préparer les voies qui doivent y conduire : la famille fortifiée et honorée, des œuvres de jeunesse créées et développées, la Charte du travail où j'ai voulu de tout mon cœur unir les classes au lieu de les opposer, la recherche et le respect de toutes les valeurs spirituelles pour que la paix ait un but et une forme où le cœur et l'esprit s'accordent pour créer une France nouvelle.

Il ne s'agit pas pour moi de vous adresser ce soir des vœux d'avenir. Pas plus que vous je ne sais ce que l'année nouvelle doit apporter : misères ou soulagement. La Providence a ses desseins, mais je vous dis bien haut : Français, méditez vos malheurs.

La méditation, loin de vous accabler, vous élèvera. Comprenez ce que vous avez été, ce que vous êtes, ce qu'il faut que vous deveniez. À l'heure où il semble que la terre manque sous vos pieds, levez la tête vers le ciel, vous y trouverez assez d'étoiles pour ne plus douter de l'éternité de la lumière et pour placer où il convient vos espérances.

1943

5 janvier 1943

NAISSANCE DE LA MILICE FRANÇAISE

Légionnaires,

Depuis les nouvelles épreuves que la France subit, vous m'avez, par de nombreux télégrammes, manifesté votre fidélité.

Ces marques de votre confiance sont pour moi un précieux réconfort. Elles m'ont prouvé, une fois de plus, que je puis compter sur vous. Ce m'est très agréable de le constater devant vous.

Nous ne savons pas ce que l'avenir nous réserve, mais je puis vous affirmer que nous ne parviendrons à surmonter nos difficultés que par l'union entre tous les Français.

À obtenir cette union, nous devons mettre tous nos soins, sans perdre de temps, chacun à la place qu'il occupe et c'est vous, mes légionnaires, qui pouvez m'apporter le concours le plus précieux.

Les circonstances actuelles me font un devoir de réaliser les meilleures conditions possibles. Pour que vos efforts ne demeurent pas vains et pour obtenir avec vous ce résultat, j'ai pris des décisions que je veux vous communiquer.

J'ai décidé, en accord avec le chef du gouvernement, de prendre avec vous des contacts réguliers et fréquents. J'ai créé à mon cabinet un organe de liaison assurant une permanence avec la direction générale et mes trois vice-présidents.

Toutes les semaines, je présiderai moi-même une réunion des chefs légionnaires et rechercherai avec eux les meilleures solutions aux problèmes en cours. À ces réunions, je demanderai à votre directeur de convoquer successivement les délégués régionaux et les chefs départementaux intéressés aux questions traitées.

Il est venu à ma connaissance que certains d'entre vous se sont heurtés à des adversaires camouflés de la Révolution nationale. Je connais vos inquiétudes et vos impatiences et je vais vous donner des directives propres à remédier à cet état de choses.

Il s'agit, tout d'abord, de faire cesser certaines rumeurs mal fondées et d'affirmer à nouveau que je suis et resterai le seul chef de la Légion. Vous me devez donc une obéissance absolue ainsi qu'au chef du gouvernement.

J'entends continuer à mener avec lui la politique extérieure la plus conforme aux intérêts de la France. Dans ce domaine délicat, votre rôle est simple : il consiste à faire comprendre à tous les Français qu'ils n'ont ni à discuter, ni à juger cette politique pour laquelle ils ne possèdent pas les éléments d'appréciation suffisants. Ils doivent, comme vous, me faire confiance.

Toutefois, par une propagande loyale plutôt qu'habile, il vous appartient de calmer les esprits troublés par des voix étrangères. Vous y parviendrez en vous appuyant sur la vérité historique et en évitant de prendre une position partisane, sinon vous risquez d'obtenir le résultat contraire de celui que vous cherchez.

Votre mission sur le plan intérieur est de beaucoup la plus importante. Elle reste telle que je l'ai définie dans mes instructions antérieures.

L'instruction du 26 février 1941 précisait que la Légion doit exercer son action morale, sociale et civique par la collaboration intime avec les représentants du pouvoir central.

Celle du 30 avril 1941 ajoutait que les légionnaires doivent s'imposer à l'estime de leurs concitoyens.

Je n'ai rien à ajouter ni à retrancher à ces directives.

Vous avez beaucoup travaillé à développer l'esprit d'entr'-aide et je vous en félicite. Continuez sur ce plan, c'est le meilleur moyen de fortifier l'union entre Français en ramenant les égarés à une meilleure compréhension de leurs devoirs.

Sur le plan de l'action civique, l'entente avec les pouvoirs publics n'a pas toujours été facile. Beaucoup de chefs départementaux se sont plaints de ne pas être écoutés par les représentants du Pouvoir. Impuissants à obtenir des résultats tangibles, ils ont perdu confiance dans la Révolution nationale.

Il est certain que, sans réalisation, la Légion finirait par perdre prestige et crédit aux yeux du public et des légionnaires eux-mêmes.

Est-ce une raison pour désespérer et affirmer que la Légion a failli à sa mission et qu'elle doive cesser toute action civique en se consacrant uniquement à des œuvres charitables ?

Je ne le pense pas et ne le veux pas.

La Légion doit rester le meilleur instrument de la Révolution nationale.

Les S.O.L., en militant aux premiers rangs de la Légion, m'ont donné le témoignage de leur dévouement et de leur dynamisme. En versant leur sang pour la Patrie, les S.O.L. d'Afrique du Nord m'ont prouvé que leur fidélité les rendait capables d'aller jusqu'au sacrifice suprême.

Aujourd'hui, en dehors de la police, ils restent la seule force organisée susceptible de maintenir l'ordre. S'ils n'existaient pas, la raison commanderait de les créer pour barrer la route aux forces occultes et mauvaises qui cherchent à nous anéantir.

C'est pourquoi j'ai pris les décisions dont je vais vous donner connaissance.

Les S.O.L. sont la force jeune et dynamique de la Légion.

Ils doivent être à l'avant-garde du maintien de l'ordre à l'intérieur du territoire français en accord avec les forces de police.

Pour faciliter leur tâche, j'estime qu'il leur faut une certaine autonomie.

C'est pourquoi, sous les ordres de leur chef national, Darnand, ils dépendront désormais directement du chef du gouvernement sous la forme de milice nationale.

Chefs légionnaires et chefs S.O.L., vous êtes et vous restez mes soldats. Je compte sur vous pour que cette transformation s'effectue dans l'esprit de camaraderie légionnaire qui vous a tous rassemblés derrière moi, et dont je vous demande de rester tous imprégnés.

4 avril 1943

TRANSFORMER LES ÂMES

Français,

Je veux vous parler de la France, de sa détresse présente, de son avenir. En juin 1940, vous m'avez d'un élan unanime donné votre confiance, je vous ai demandé de rester unis, je vous ai promis de tout faire pour atténuer vos malheurs.

Ma grande préoccupation dès ce moment fut de travailler à la rénovation de la France et d'éloigner de vous les conséquences les plus pénibles de la défaite.

L'Histoire dira plus tard ce qui vous fut épargné.

Si le présent vous semble dur, si l'épreuve vous paraît longue, vous commettriez une erreur plus funeste encore qu'injuste en accusant le gouvernement de ce qui vous afflige.

Les responsables de vos maux, les fauteurs de la guerre et de la défaite, vous les connaissez. Liés aux causes du désastre, ils en ont fui les conséquences. Tandis que je demeure parmi vous, ils se réfugient dans l'émigration. Rivaux pour le commandement et les places, ils ne s'entendent que pour tenter de réhabiliter, par une propagande impudente, le régime dont ils ont profité et qui a perdu le pays.

Il faut choisir. Les chefs rebelles ont choisi l'émigration et le retour au passé. J'ai choisi la France et son avenir.

L'Assemblée nationale de juillet 1940 a, elle aussi, librement choisi, lorsqu'elle m'a confié le mandat de faire une nouvelle Constitution.

La nation française a donc rompu légalement avec un régime que les faits ont condamné et qui est mort de ses fautes.

Mais la guerre se prolonge dans le monde et chacun, pour échapper aux angoisses du présent, se réfugie dans l'espoir d'une fin prochaine de cette lutte cruelle qui met en péril notre civilisation.

Croyez-vous que les méthodes et les hommes qui ont conduit le pays au désastre pourraient lui rendre sa grandeur ?

Je vous le dis avec toute la conviction dont je suis pénétré :
si la paix qu'attendent ces mauvais Français consiste à revenir
aux mœurs politiques, économiques et sociales d'avant-guerre,
la France ne se relèvera pas.

Aux principes que j'ai édictés, vous n'avez pas ménagé votre
assentiment. Vos lettres par milliers, les plaintes mêmes qui
montaient vers moi des plus malheureux ou des plus impatients
n'ont cessé d'approuver et d'affermir ma volonté de donner à la
France le régime d'autorité que conseillent la raison des plus
sages et le bon sens du grand nombre.

Seule l'autorité garantira les libertés réelles par le travail.
Seule l'autorité permettra, quand la France sera délivrée des
contraintes de la guerre, d'abattre les privilèges et de réaliser le
programme social que j'ai formulé à Saint-Étienne et à Commentry. Une phrase le résume : supprimer la condition prolétarienne. Tel est le but de la Charte du travail.

J'ai voulu aussi donner aux travailleurs des campagnes leur
organisation ; la corporation paysanne est réalisée.

Je n'ignore pas que l'application des lois n'a pas toujours
répondu à votre attente et que des inégalités sociales sont encore
criantes. Les circonstances extraordinaires dans lesquelles nous
nous trouvons sont sévères. Croyez-vous que je ne porte pas
mon fardeau de désillusions et de sacrifices ?

Faites loyalement un retour sur vous-mêmes, vous vous join-
drez alors à ceux qui ont compris et qui, pour sauver la patrie,
travaillent avec moi à réveiller les indifférents, à ranimer le courage des tièdes et à briser la résistance des égoïstes et des profiteurs.

Nos prisonniers nous donnent l'exemple. Dans les camps, ils
méditent, ils travaillent ; loin des passions partisanes et des
luttes d'influence, ils préparent ce qui, demain, sera la seule
chance de salut de la France.

Mais il est vain de transformer les institutions si on ne transforme pas les âmes. Il est vain d'espérer la fin de notre décadence tant que nos enfants n'auront pas reçu de leurs maîtres
une conscience neuve. N'est-ce point-là la grande mission de

l'éducateur ? Il me faut mieux que l'obéissance de la jeunesse, il me faut sa conviction ardente, sa volonté d'action et sa foi. Ainsi se formeront les élites qui, sorties de toutes les catégories sociales de la nation, constitueront l'armature de la France de demain.

Jeunes Français, voici que de nouvelles épreuves viennent de vous être imposées. Il vous appartient de faire qu'elles soient fécondes. Accueillez-les avec discipline.

Ne vous souvenez de notre défaite que pour préparer notre renaissance. Soyez attentifs à discerner autour de vous ce qui peut servir à vous perfectionner. Manifestez dans vos gestes, dans vos paroles, par la qualité de votre travail, par votre esprit d'initiative et d'invention le génie de votre race.

Ma pensée ne vous quittera pas sur le chemin et les lieux de votre dépaysement. Faites que je sois fier de vous.

Français, mes amis, libérez votre conscience des préjugés et des rancunes, vous comprendrez mieux alors ceux qui ont la charge douloureuse de vous conduire.

La France souffre dans son âme et dans sa chair. Que nos morts dont je salue avec émotion la mémoire, que ceux dont les foyers sont détruits par des bombardements injustifiables vous soient un exemple et vous donnent le courage et la force de supporter vos épreuves personnelles.

Vous trouverez, dans l'adversité même, le sens et le chemin de la grandeur. Mais sachez vous garder des tentations et des chimères. La barbarie communiste, si elle triomphait, ne pourrait que détruire à jamais notre civilisation et notre indépendance nationale. Notre pays ne se relèvera pas sans le concours des forces spirituelles qui l'ont fait naître.

Le salut de la France ne viendra pas de dehors, il est dans nos mains, dans vos mains.

2 mai 1943

« LA CHARTE EST RÉVOLUTIONNAIRE. »

Travailleurs, mes amis,

Après trente mois de tentatives, d'épreuves et de déceptions, nombre d'entre vous ont pu perdre courage. L'injustice persistante vous heurte de plus en plus, vous ressentez plus vivement que jamais la misère de votre état. Tandis que chaque jour s'accroît votre contribution au sacrifice que la défaite et la guerre imposent à la nation, vous supportez dans votre vie matérielle les restrictions les plus dures. Et vous ne voyez pas sur les ruines de vos anciennes illusions cette cité d'ordre et de justice que j'avais offerte à votre espérance renaissante.

Travailleurs, je comprends votre amertume ; comprenez mes difficultés. Depuis trois ans, nous payons, vous et moi, les fautes de ceux qui nous ont précédés et de ceux qui nous ont menti. L'armistice a mis fin au combat, il n'a pas supprimé la défaite, il n'a pas terminé la guerre qui déchire le monde et qui pèse sur nous. Forcés de pourvoir à des tâches nouvelles et pressantes, avons-nous le temps, les moyens, la liberté de bâtir ?

Mais l'Histoire reconnaîtra que nous avons fait tout ce qui était possible pour protéger les ouvriers contre la misère présente et pour répartir l'inévitable épreuve selon la justice.

C'est la nécessité internationale qui a empêché jusqu'ici l'augmentation des salaires recherchée par le gouvernement. Mais c'est le gouvernement qui, par la taxation et le contrôle, lutte contre la hausse du prix des denrées.

Les patrons doivent comprendre la nécessité de tout faire pour aider les cadres et les ouvriers. Nombre d'entre eux l'ont déjà fait. C'est le devoir de tous.

C'est l'immoralité générale qui fait le marché noir, mais c'est le gouvernement, fidèle aux principes du nouveau régime, qui donne par la loi aux travailleurs manuels, dans le rationnement nécessaire, plus de droits qu'au reste de la nation.

Si le marché noir enrichit les profiteurs, si la fraude rétablit subrepticement le privilège de l'argent, c'est contre la volonté du gouvernement, contre les principes du nouveau régime. Cette fraude qui corrompt tout, cette fraude des petits et des grands, ressortit au triste héritage de l'ancienne faiblesse et des mauvaises mœurs qui nous ont perdus. Le gouvernement la pourchasse et la punit. Vous n'ignorez pas qu'elle trouve partout des complices.

La Charte du travail s'applique, il est vrai, avec lenteur et se heurte, sinon à des oppositions ouvertes, du moins à des manœuvres dilatoires. Il n'en peut pas être autrement car la Charte est révolutionnaire. Comment substituer à la lutte des classes la communauté du travail, sans rencontrer la résistance des intérêts, des habitudes et la violence des impatients ? Comment substituer au désordre la profession organisée, sans irriter le libéralisme et l'individualisme ? Faut-il enfin vous rappeler que nous travaillons en période exceptionnelle dans un pays vaincu, occupé, qui n'est plus dans la guerre, mais qui demeure sous la guerre ?

Plutôt que de désespérer ou de prêter l'oreille aux prêcheurs de tumulte, étudiez votre Charte, tournez-la et retournez-la dans votre esprit comme vous feriez d'un outil nouveau dans vos mains. Vous comprendrez alors tout ce qu'elle vous apporte : l'arbitrage pacifique pour régler vos conflits, la garantie légale de vos contrats, le moyen d'accéder par degrés à la propriété de votre métier et à celle d'un bien commun. En un mot, la sécurité et la justice dans la paix.

Je mesure quelles ont pu être, pendant un temps, les incertitudes et même les appréhensions des ouvriers.

Le 16 août 1940, il a fallu publier sans délai et sans contrepartie sociale la loi qui instituait les comités provisoires d'organisation donnant aux patrons les moyens d'agir et de s'exprimer. Vous, vous avez attendu votre Charte plus d'une année, mais la Charte n'est pas une création provisoire et l'on ne devait pas l'improviser.

Aussi bien n'ai-je pas cessé d'encourager l'institution des comités sociaux d'entreprise où doivent régner l'esprit de coopération et le sentiment de la solidarité professionnelle, base morale de l'ordre nouveau. Partout où ces comités fonctionnent normalement, partout où, comme je l'ai prescrit, la pratique de l'élection assure à l'ouvrier des représentants de son choix, l'expérience démontre que la Charte n'est pas une construction théorique mais une bienfaisante et vivante réalité.

Toutefois, la Charte ordonne davantage. L'organisation corporative qui est son but final étant une œuvre de longue haleine, elle transforme en syndicat unique des syndicats anciens qui représentent un mode d'association auquel patrons, ouvriers, techniciens restent attachés. Elle accorde aux organismes corporatifs qu'elle institue non seulement une fonction sociale, mais une fonction économique.

Ainsi permettra-t-elle de résoudre pacifiquement les trois problèmes — le problème moral des relations entre producteurs, le problème social de la répartition des produits, le problème économique de la production — que le capitalisme a laissés sans solution et auxquels le communisme propose une solution illusoire et inhumaine.

En ce 1er mai, le sentiment de l'épreuve domine en nous la conscience du redressement accompli. Sachez que ce redressement a commencé et que vous êtes sur la bonne route. Sachez aussi que la structure de la France ne sera pas renouvelée sans l'adhésion de votre cœur et de votre esprit, sans votre concours patient et tenace.

Je vous ai donné un outil pour la bonne lutte qu'il faudra mener sans haine. La lutte est légitime, la haine est inféconde et destructive. Les révolutions qu'anime la haine n'ont jamais profité aux peuples. Elles détruisent le bien commun et meurtrissent les innocents comme ces avions qui, sous prétexte d'atteindre l'arsenal, écrasent l'école.

Un temps viendra où le travail que je vous ai tracé s'accomplira plus facilement dans un monde délivré de la guerre.

Si vous demeurez fermes sur cette voie, si vous écartez le prestige des doctrines de désordre et de mort qui tente de vous séduire sous un masque nouveau, vous mériterez et vous obtiendrez dans une France reconstruite avec amour, que le 1er mai n'exprime plus la plainte des prolétaires, mais le triomphe du travail dans l'ordre, la joie et la liberté.

29 mai 1943

SE RECUEILLIR, MÉDITER, ESPÉRER

Monsieur le chef de la Légion,

Légionnaires, mes amis,

Depuis trois ans, nous avons suivi un chemin ardu et souvent douloureux.

Aujourd'hui, devant une situation dont le danger s'aggrave sans cesse, nous nous retrouvons pour, ensemble, nous recueillir, méditer, espérer.

Nous recueillir sur nos morts, sur tous nos morts : ceux de 1940 et ceux qui, depuis cette époque, sont les innocentes victimes des bombardements aveugles et injustes ; ceux aussi qui ont payé de leur vie leur fidélité à la cause de la rénovation nationale ; ceux enfin, qui, au service de l'ordre, sont lâchement abattus par des terroristes à la solde de l'étranger.

Méditons sur les causes de notre malheur pour éviter le retour à des formules dont vous savez bien que cette fois elles conduiraient la France à sa ruine définitive.

Sans doute vous trouvez l'œuvre que vous avez accomplie imparfaite. Vous vous heurtez à des difficultés ; elles sont inévitables ; ne vous laissez pas arrêter par elles.

Persévérez dans l'effort social que vous avez entrepris.

Continuez à donner l'exemple des vertus civiques que vous avez si courageusement pratiquées jusqu'ici, et espérons. Les circonstances aujourd'hui exigent l'obéissance et l'union de tous les Français. Ceux qui par calcul, par ambition ou par incompréhension ne veulent pas respecter cet ordre que je donne trahissent leur patrie.

Légionnaires, anciens combattants, fidèles à votre serment, serrez-vous étroitement autour de votre chef. Ensemble nous sauverons la France.

17 octobre 1943

À LA LÉGION FRANÇAISE DES COMBATTANTS

À mon appel, les légionnaires se sont levés en septembre 1940 pour offrir au redressement de la France l'appui des générations du feu. Forts de la confiance que je leur ai témoignée, ils ont été les serviteurs du bien public et les propagandistes de ma doctrine. Aujourd'hui, les troubles et le désordre qui affectent notre malheureux pays retentissent gravement sur la Légion. Le découragement la gagne. Elle a l'impression d'être inutile. Mais c'est l'avenir que je prépare.

Les conséquences de la guerre n'ont pas permis de donner un plein effet aux grandes réformes que j'ai promulguées. Le régime actuel, en raison des circonstances, ne peut préfigurer celui que je veux instaurer et qui permettra aux libertés qui nous sont chères de s'épanouir harmonieusement.

À la poursuite de ce but, je demeure le guide de la Légion et son chef. Placée sous mes ordres, distincte de tous autres mouvements quels qu'ils soient, elle conserve la double mission que je lui ai assignée :

1) ramener une atmosphère d'apaisement et d'union par une action sociale toujours intensifiée en faveur des prisonniers et de tous les Français dans le malheur ;

2) par une étude approfondie de mes messages, propager et féconder la doctrine qui en découle.

Ainsi la Légion préparera un climat favorable à la résurrection nationale par la réconciliation de tous les Français qui n'ont en vue que le salut de la France. Que, s'abstenant de toute ingérence dans les problèmes du seul gouvernement, les légionnaires conservent au milieu des événements tragiques qui nous dominent une attitude purement française. Qu'ils reprennent confiance. Qu'ils restent tous et toujours mes soldats. Ils trouveront, naturellement, leur place dans l'élite qui rendra à la France de demain sa prospérité et sa grandeur.

24 décembre 1943

ULTIME AVERTISSEMENT

Mes chers amis,

Pour la quatrième fois, la France célèbre dans l'épreuve et la tristesse un Noël de guerre.

Les événements m'obligent à donner à mes vœux l'accent d'une suprême exhortation.

Ce soir je m'adresse à vos cœurs de Français.

Entendez votre chef qui ne veut être dans le grave et solennel silence de cette veillée qu'un Français qui souffre comme vous, avec vous.

Noël, fête de la famille ! Dans les camps, plus d'un million des nôtres ont le cœur meurtri par l'épreuve d'une longue séparation. Dans les usines, les travailleurs sentiront plus vivement ce soir le poids d'un éloignement qui est dû aux exigences de la guerre. Je pense à tous ces foyers où manque la présence protectrice du père vers lequel sont tournés tant de visages d'enfants, tant de regards d'épouses et de mères.

Noël, fête de l'amour ! Et des Français, revenus aux plus mauvais jours, se querellent, se haïssent, bafouent l'autorité, exercent des représailles, se livrent au pillage et au sabotage, répandant ainsi par des attentats inqualifiables une véritable terreur. Au lieu de chants de Noël, trop de petits enfants entendront ce soir, comme Jeanne d'Arc jadis, le récit de meurtres et de rapines.

Noël, fête de la Nativité ! Et la mort plane sur le monde entier. Et la France subit chaque jour l'épreuve cruelle de nouveaux crimes et l'immense misère des bombardements sous lesquels nos villes s'écroulent jetant sur les routes ceux qui ont échappé au massacre.

Malgré tant de désastres, je garde ma foi dans l'avenir de la France, mais je vous supplie, Français, de renoncer aux stériles discussions, aux vaines rivalités, aux haines mortelles. Dans le malheur qui nous accable, tendons-nous des mains fraternelles.

Écoutez un homme qui n'est là que pour vous et qui vous aime comme un père.

Une fois de plus, je vous adjure de penser par-dessus tout au péril de mort que courrait notre pays si sur lui s'abattait la hideuse guerre civile ou si triomphaient le communisme et sa barbarie païenne.

Croyants, sceptiques ou indifférents, accueillez ce soir cet ultime avertissement.

Mais ne finissons pas cette nuit de Noël sur de si douloureuses perspectives ; je veux encore affirmer devant vous et avec vous mon espoir.

Nos prisonniers, nos travailleurs sont loin de nous, ils retrouveront leur foyer.

Nos villes sont détruites, nous les reconstruirons.

Nos misères sont immenses, mais la tempête passera et les Français recommenceront à s'aimer.

Héritiers d'une vieille civilisation, fiers de notre passé, dédaigneux des menaces qui voudraient nous rayer du nombre des grandes puissances, nous pouvons hautement proclamer notre volonté de vivre, notre foi dans l'avenir et notre espoir que la paix sera rendue un jour aux hommes de bonne volonté.

1944

26 avril 1944

LE SALUT AUX PARISIENS

Mesdames, Messieurs,

Je viens vous faire une visite.

Je ne peux pas m'adresser à chacun de vous en particulier, c'est impossible, vous êtes trop nombreux, mais je ne voulais pas passer à Paris sans venir vous saluer, sans venir me rappeler à votre souvenir.

Du reste, une circonstance malheureuse m'y a ramené. Je suis venu ici pour vous soulager de tous les maux qui planent sur Paris. J'en suis encore très attristé.

Mais c'est une première visite que je vous fais. J'espère bien que je pourrai venir facilement à Paris, sans être obligé de prévenir mes gardiens, je viendrai tout à l'aise. Et alors, aujourd'hui ce n'est pas une visite d'entrée dans Paris que je vous fais, c'est une petite visite de reconnaissance. Je pense à vous beaucoup.

J'ai trouvé Paris un peu changé parce qu'il y a près de quatre ans que je n'y étais venu. Mais soyez sûrs que dès que je pourrai, je viendrai et alors, ce sera une visite officielle. Alors, à bientôt j'espère.

L'allocution improvisée ci-dessus fut modifiée comme suit pour la presse :

Je ne pensais pas me trouver devant une pareille assemblée, je ne ferai pas de discours. C'est l'ensemble de la vie du pays qui me préoccupe. Si chaque jour je reçois beaucoup de monde et si chaque fois j'éprouve un grand plaisir à m'entretenir avec mes interlocuteurs, je regrette, le temps m'étant mesuré, de ne pouvoir le faire aujourd'hui.

En tout cas, je puis vous dire que j'ai éprouvé une grande satisfaction de pouvoir vous faire cette courte visite.

Je suis venu pour saluer les morts, plaindre les vivants qui restent sous la menace des attaques promises à tout le pays.

J'ai été profondément attristé en entrant à Notre-Dame, ce matin, du douloureux spectacle des familles en deuil. J'aurais voulu qu'elles sentissent combien je partage leur accablement.

C'est la première visite que je vous fais, une visite de circonstance, pour vous prouver que le gouvernement et le chef de l'État ne vous oublient pas et s'attachent toujours à vous aider le mieux possible dans les heures sévères que vous subissez.

Mais un jour viendra où la paix rétablie nous permettra de vous rapporter la joie de vivre.

Ce sera alors un élan réciproque, car j'aurai à vous remercier de votre attitude toujours si compréhensive et si fidèle.

Je me réjouis à la seule pensée que ce moment puisse venir. D'ici là, je vous demande, en mon nom et au nom du président Laval, de ne rien faire qui puisse compromettre notre action et l'avenir de la France.

27 avril 1944

« JE SUIS ENCORE ÉMU… »

Parisiens,

Je suis encore ému de votre accueil de mercredi dernier.

La chaleur de cet accueil n'a pu me distraire de la tristesse qui m'étreignait et qui a pesé sur moi toute la journée.

Je garde l'image de votre ville en deuil, des ruines accumulées, des morts, des blessés.

Je garde aussi l'impression d'une population digne et stoïque dans l'épreuve.

J'ai visité les hôpitaux, j'ai admiré le zèle, le dévouement des médecins, des infirmières.

Ils donnent un magnifique exemple de cette solidarité que je veux voir se développer chez les Français.

En les élevant au-dessus d'eux-mêmes, le malheur les rendra meilleurs.

Pour moi, j'ai puisé à votre contact une force plus grande pour poursuivre ma tâche, une foi plus inébranlable dans les destinées de la patrie.

Parisiens, je vous remercie.

29 avril 1944

LA TRAGÉDIE ACTUELLE

Français,

Notre pays traverse des jours qui compteront parmi les plus douloureux qu'il ait connus.

Excités par des propagandes étrangères, un trop grand nombre de ses enfants se sont livrés aux mains de maîtres sans scrupule qui font régner chez nous un climat avant-coureur des pires désordres. Des crimes odieux, qui n'épargnent ni les femmes ni les enfants, désolent des campagnes, des villes et même des provinces, hier paisibles et laborieuses.

Le gouvernement a la charge de faire cesser cette situation et s'y emploie. Mais c'est mon devoir de vous mettre personnellement en garde contre cette menace de guerre civile qui détruirait tout ce que la guerre étrangère a épargné jusqu'ici.

Ceux qui poussent la France dans cette voie invoquent leur prétention de la libérer. Cette prétendue libération est le plus trompeur des mirages auxquels vous pourriez être tentés de céder. C'est le même également qui poussa naguère des Français à renier leur parole et leur serment pour sacrifier à un faux idéal patriotique dont nous voyons aujourd'hui les fruits en Afrique du Nord. Le bolchevisme qui s'est servi d'eux les écarte à présent et sur une terre française nous assistons au spectacle de tribunaux illégaux condamnant à mort des Français coupables d'avoir obéi à mes ordres.

La dissidence a préparé là-bas les voies au communisme. L'indiscipline engendre chez nous le terrorisme. L'un et l'autre sont deux aspects du même fléau. Ils se couvrent du pavillon du patriotisme. Mais le vrai patriotisme ne saurait s'exprimer que par une fidélité totale. On ne compose ni avec son devoir, ni avec sa parole. Ceux qui de loin vous lancent des consignes de désordre ne participent pas aux risques qu'ils vous font courir. Ils voudraient entraîner la France dans une nouvelle aventure dont l'issue ne saurait être douteuse.

Français, quiconque parmi vous, fonctionnaire, militaire ou simple citoyen, participe aux groupes de résistance compromet l'avenir du pays. Il est dans votre intérêt de garder une attitude correcte et loyale envers les troupes d'occupation. Ne commettez pas d'actes susceptibles d'attirer sur vous et sur la population de terribles représailles. Vous précipiteriez la patrie dans les pires malheurs : vous la priveriez de l'assistance d'une partie de ses enfants, dont elle aura grand besoin pour les tâches immenses que comportera la paix.

Jeunes gens qui brûlez du désir de servir, les voix qui vous prêchent la désobéissance ne sont pas des voix françaises. Paysans, ouvriers, vous tous mes soldats d'hier, vous résisterez à ceux dont les conseils perfides en vous menant sur les routes du déshonneur et de la trahison, livreraient la patrie à un désastre que tous mes efforts ont voulu lui éviter.

Parents qui n'avez pas toujours montré à vos enfants leur véritable devoir, secondez mes efforts et ceux du gouvernement.

L'ordre, le travail, l'union sont les conditions nécessaires de notre relèvement que l'anarchie compromettrait irrémédiablement.

Quand la tragédie actuelle aura pris fin, et que, grâce à la défense du continent par l'Allemagne et aux efforts unis de l'Europe, notre civilisation sera définitivement à l'abri du danger que fait peser sur elle le bolchevisme, l'heure viendra où la France retrouvera et affirmera sa place. Cette place sera fonction de la discipline qu'elle aura montrée dans l'épreuve et de l'ordre qu'elle aura su maintenir chez elle.

Français, la lumière de notre civilisation chrétienne éclaire chacun de vos foyers. Ceux qui tentent d'en affaiblir l'éclat oublient qu'elle leur manquerait à eux-mêmes si elle venait à s'éteindre.

Vous en avez la garde avec moi. L'Europe n'aurait que faire d'une France divisée, oublieuse de ses traditions et de ses vertus, tandis que l'Occident attend beaucoup d'une France unie et fidèle, groupée autour de son chef légitime et de son drapeau.

6 juin 1944

LE DÉBARQUEMENT

Français,

Les armées allemandes et anglo-saxonnes sont aux prises sur notre sol. La France devient ainsi un champ de bataille.

Fonctionnaires, agents des services publics, cheminots, ouvriers, demeurez fermes à vos postes pour maintenir la vie de la nation et accomplir les tâches qui vous incombent.

Français, n'aggravez pas vos malheurs par des actes qui risqueraient d'appeler sur vous de tragiques représailles. Ce serait l'innocente population française qui en subirait les conséquences.

N'écoutez pas ceux qui, cherchant à exploiter notre détresse, conduiraient le pays au désastre.

La France ne se sauvera qu'en observant la discipline la plus rigoureuse.

Obéissez donc aux ordres du gouvernement. Que chacun reste face à son devoir.

Les circonstances de la bataille pourront conduire l'armée allemande à prendre des dispositions spéciales dans les zones de combat. Acceptez cette nécessité, c'est une recommandation instante que je vous fais dans l'intérêt de votre sauvegarde.

Je vous adjure, Français, de penser avant tout au péril mortel que courrait notre pays si ce solennel avertissement n'était pas entendu.

14 juin 1944

« JE NE VEUX PAS DE GUERRE FRATRICIDE. »

Légionnaires,

Des événements d'une exceptionnelle gravité se déroulent sur le territoire de notre pays.

J'ai adressé à tous les Français, dans mes derniers messages, un solennel avertissement auquel nul n'a le droit de rester sourd.

À vous, dont je suis le chef, je donne mes consignes.

Découlant de la position strictement nationale qui fut toujours celle de la Légion française des combattants, ces consignes sont nettes et formelles : nous ne sommes pas dans la guerre, votre devoir est de garder une stricte neutralité. Je ne veux pas de guerre fratricide. Les Français ne doivent pas se dresser les uns contre les autres. Leur sang est trop précieux pour l'avenir de la France et la haine ne peut que compromettre l'unité de notre pays, qui est le gage de sa résurrection.

Anciens combattants des deux guerres, soyez les artisans de cette union. La France doit conserver pour elle seule ses énergies patriotiques les plus ardentes. En toutes circonstances, l'intérêt national doit vous servir de guide.

Légionnaires, je compte plus que jamais sur vous pour travailler à la réconciliation de tous les Français.

14 août 1944

« RIEN NE DOIT VOUS TROUBLER. »

Légionnaires,

Les événements ne nous permettent pas, cette année, de donner sa solennité habituelle au quatrième anniversaire de la fondation de la Légion française des combattants.

Lorsque j'ai, il y a quatre ans, créé votre légion, elle avait pour objet de réunir, dans l'oubli des dissensions de la veille, tous ceux qui voulaient consacrer leur énergie à servir leur pays. J'eus la satisfaction de voir se lever l'immense rassemblement des combattants de 14-18, de 39-40, des campagnes coloniales, pour s'unir, comme je le désirais, au sein d'une organisation qui allait bientôt recouvrir toute la France et l'Empire resté libre.

Des erreurs, des impatiences, des incompréhensions devaient inévitablement marquer le développement d'un mouvement si nombreux. Mais, en dépit des difficultés qui surgirent dans ces années ingrates, vous m'avez suivi dans l'accomplissement de la tâche que je vous avais confiée. Je tiens, en un tel jour, à vous donner ce témoignage.

Je pense surtout à l'avenir de la France. J'ai tracé dans mes messages les lignes générales d'une doctrine qui repose essentiellement sur les principes de l'unité française. Les événements ont pu en retarder ou en gêner l'application ; ils ne sauraient en changer ni la vérité ni la valeur. Rien ne doit vous troubler dans votre fidélité ni dans votre discipline. N'étant pas un organe de mouvement, ne constituant pas un parti et, placés sous mon commandement suprême, vous n'avez à défendre que les intérêts français.

Le 14 juin dernier, après qu'avaient surgi des événements de guerre qui se déroulaient sur une partie de notre sol, j'ai tenu à vous définir votre devoir, dans un message qui s'adressait spécialement à vous.

Je voulais que, connaissant toute ma pensée, vous en eussiez en quelque sorte la charge et le dépôt.

Je vous ai dit que je comptais sur vous pour travailler à la réconciliation des Français, car aujourd'hui comme hier l'unité de notre pays est le gage de sa résurrection.

Ces consignes, je vous les confirme aujourd'hui où nous vivons des heures décisives pour le salut de notre patrie. Appliquez-les à toutes les situations particulières où vous pourrez vous trouver placés. C'est la France, et la France seule, que vous devez servir. Vous reconnaîtrez ceux qui sont dignes d'être vos chefs à ce qu'ils n'ont d'autre règle que celle-là.

Votre devoir est clair : unir autour de vous tous ceux qui, animés du même patriotisme, veulent sauver leur pays et travailler à sa grandeur.

Que votre exemple serve à conduire tous les Français sur les voies de l'honneur, de l'ordre et du salut.

20 août 1944

ULTIME MESSAGE AUX FRANÇAIS

Français,

Au moment où ce message vous parviendra, je ne serai plus libre.

Dans cette extrémité où je suis réduit, je n'ai rien à vous révéler qui ne soit la simple confirmation de tout ce qui, jusqu'ici, m'a dicté ma conduite pendant plus de quatre ans.

Décidé à rester au milieu de vous, j'ai chaque jour cherché ce qui était le plus propre à servir les intérêts permanents de la France, loyalement et sans compromis.

Je n'ai eu qu'un seul but : vous protéger du pire.

Et tout ce qui a été fait par moi ; tout ce que j'ai accepté, consenti, subi, que ce fût de gré ou de force, ne l'a été que pour vous sauvegarder ; car, si je ne pouvais plus être votre épée, j'ai voulu rester votre bouclier.

En certaines circonstances, mes paroles et mes actes ont pu vous surprendre. Sachez enfin qu'ils m'ont alors fait plus de mal que vous ne l'avez vous-mêmes ressenti.

J'ai souffert pour vous, avec vous, mais je n'ai jamais cessé de m'élever de toutes mes forces contre ce qui vous menaçait. J'ai écarté de vous des périls certains ; il y en a eu, hélas, auxquels je n'ai pas pu vous soustraire. La conscience m'est témoin que nul, à quelque camp qu'il appartienne, ne pourra là-dessus me contredire. Ce que nos adversaires veulent aujourd'hui, c'est m'arracher à vous. Je n'ai pas à me justifier à leurs yeux. Je n'ai souci que des Français.

Pour vous, comme pour moi, il n'y a qu'une France : celle de nos ancêtres.

Aussi, une fois encore, je vous adjure de vous unir.

Il n'est pas difficile de faire son devoir, s'il est parfois malaisé de le connaître. Le vôtre est simple : vous grouper autour de ceux qui vous donneront la garantie de vous conduire sur le chemin de l'honneur et dans les voies de l'ordre.

L'ordre doit régner. Et parce que je le représente légitimement, je suis et je reste votre chef. Obéissez-moi et obéissez à ceux qui vous apporteront des paroles de paix sociale, sans quoi nul ordre ne saurait s'établir.

Ceux qui vous tiendront un langage propre à vous conduire vers la réconciliation et la rénovation de la France par le pardon réciproque des injures et l'amour de tous les nôtres, ceux-là sont des chefs français. Ils continuent mon œuvre et suivent mes disciplines. Soyez à leurs côtés ! Pour moi, je suis séparé de vous, mais je ne vous quitte pas, et j'espère tout de votre dévouement à la France, dont vous allez, Dieu aidant, restaurer la grandeur.

C'est le moment où le destin m'éloigne. Je subis la plus grande contrainte qu'il puisse être donné à un homme de souffrir. C'est avec joie que je l'accepte si elle est la condition de notre salut, si devant l'étranger — fut-il allié — vous savez être fidèles au vrai patriotisme, à celui qui ne pense qu'aux seuls intérêts de la France, et si mon sacrifice vous fait retrouver la voie de l'union sacrée pour la renaissance de la patrie.

1945

23 juillet 1945

DÉCLARATION DU MARÉCHAL PÉTAIN À L'OUVERTURE DE SON PROCÈS

C'est le peuple français qui, par ses représentants, réunis en Assemblée nationale, le 10 juillet 1940, m'a confié le pouvoir. C'est à lui que je suis venu rendre des comptes.

La Haute Cour, telle qu'elle est constituée, ne représente pas le peuple français, et c'est à lui seul que s'adresse le Maréchal de France, chef de l'État.

Je ne ferai pas d'autre déclaration.

Je ne répondrai à aucune question. Mes défenseurs ont reçu de moi la mission de répondre à des accusations qui veulent me salir et qui n'atteignent que ceux qui les profèrent.

J'ai passé ma vie au service de la France. Aujourd'hui, âgé de près de quatre-vingt-dix ans, jeté en prison, je veux continuer à la servir, en m'adressant à elle une fois encore. Qu'elle se souvienne !...

J'ai mené ses armées à la victoire en 1918. Puis, alors que j'avais mérité le repos, je n'ai cessé de me consacrer à elle.

J'ai répondu à tous ses appels, quels que fussent mon âge et ma fatigue.

Au jour le plus tragique de son histoire, c'est encore vers moi qu'elle s'est tournée.

Je ne demandais ni ne désirais rien. On m'a supplié de venir : je suis venu.

Je devenais ainsi l'héritier d'une catastrophe dont je n'étais pas l'auteur. Les vrais responsables s'abritaient derrière moi pour écarter la colère du peuple.

Lorsque j'ai demandé l'armistice, d'accord avec nos chefs militaires, j'ai rempli un acte nécessaire et sauveur. Oui, l'armistice a sauvé la France et contribué à la victoire des Alliés, en assurant une Méditerranée libre et l'intégrité de l'Empire.

Le pouvoir m'a été alors confié légitimement et reconnu par tous les pays du monde, du Saint-Siège à l'U.R.S.S.

De ce pouvoir, j'ai usé comme d'un bouclier pour protéger le peuple français. Pour lui, je suis allé jusqu'à sacrifier mon prestige. Je suis demeuré à la tête d'un pays sous l'occupation.

Voudra-t-on comprendre la difficulté de gouverner dans de telles conditions ? Chaque jour, un poignard sous la gorge, j'ai lutté contre les exigences de l'ennemi. L'Histoire dira tout ce que je vous ai évité, quand mes adversaires ne pensent qu'à me reprocher l'inévitable.

L'occupation m'obligeait à ménager l'ennemi, mais je ne le ménageais que pour vous ménager vous-mêmes, en attendant que le territoire soit libéré.

L'occupation m'obligeait aussi, contre mon gré et contre mon cœur, à tenir des propos, à accomplir certains actes dont j'ai souffert plus que vous, mais, devant les exigences de l'ennemi, je n'ai rien abandonné d'essentiel à l'existence de la patrie.

Au contraire, pendant quatre années, par mon action, j'ai maintenu la France, j'ai assuré aux Français la vie et le pain, j'ai assuré à nos prisonniers le soutien de la nation.

Que ceux qui m'accusent et prétendent me juger s'interrogent du fond de leur conscience pour savoir ce que, sans moi, ils seraient peut-être devenus.

Pendant que le général de Gaulle, hors de nos frontières, poursuivait la lutte, j'ai préparé les voies à la Libération, en conservant une France douloureuse, mais vivante.

À quoi eût-il servi de libérer des ruines et des cimetières ?

C'est l'ennemi seul qui, par sa présence sur notre sol envahi, a porté atteinte à nos libertés et s'opposait à notre volonté de relèvement.

J'ai réalisé, pourtant, des institutions nouvelles : la Constitution que j'avais reçu mandat de présenter était prête, mais je ne pouvais la promulguer.

Malgré d'immenses difficultés, aucun pouvoir n'a, plus que le mien, honoré la famille et, pour empêcher la lutte des classes, cherché à garantir les conditions du travail à l'usine et à la terre.

La France libérée peut changer les mots et les vocables. Elle construit, mais elle ne pourra construire utilement que sur les bases que j'ai jetées.

C'est à de tels exemples que se reconnaît, en dépit des haines partisanes, la continuité de la patrie. Nul n'a le droit de l'interrompre.

Pour ma part, je n'ai pensé qu'à l'union et à la réconciliation des Français. Je vous l'ai dit encore le jour où les Allemands m'emmenaient prisonnier parce qu'ils me reprochaient de n'avoir cessé de les combattre et de ruiner leurs efforts.

Je sais qu'en ce moment certains ont oublié, depuis que je n'exerce plus le pouvoir, ce qu'ils ont dit, écrit ou fait.

Des millions de Français pensent à moi, qui m'ont accordé leur confiance et me gardent leur fidélité.

Ce n'est point à ma personne que vont l'une et l'autre, mais pour eux comme pour bien d'autres, à travers le monde, je représente une tradition qui est celle de la civilisation française et chrétienne, face aux excès de toutes les tyrannies.

En me condamnant, ce sont ces millions d'hommes que vous condamnerez dans leur espérance et dans leur foi. Ainsi, vous aggraverez ou vous prolongerez la discorde de la France, alors qu'elle a besoin de se retrouver et de s'aimer pour reprendre la place qu'elle tenait autrefois parmi les nations. Mais ma vie importe peu. J'ai fait à la France le don de ma personne. C'est à cette minute suprême que mon sacrifice ne doit plus être mis en doute.

Si vous deviez me condamner, que ma condamnation soit la dernière et qu'aucun Français ne soit plus jamais condamné ni détenu pour avoir obéi aux ordres de son chef légitime.

Mais je vous le dis à la face du monde, vous condamneriez un innocent en croyant parler au nom de la justice et c'est un innocent qui en porterait le poids, car un Maréchal de France ne demande de grâce à personne.

À votre jugement répondront celui de Dieu et celui de la postérité. Ils suffiront à ma conscience et à ma mémoire.

Je m'en remets à la France !

14 août 1945

DÉCLARATION DU MARÉCHAL PÉTAIN
À LA CLÔTURE DU PROCÈS

Au cours de ce procès, j'ai gardé volontairement le silence, après avoir expliqué au peuple français les raisons de mon attitude.

Ma pensée, ma seule pensée, a été de rester avec lui sur le sol de France, selon ma promesse, pour tenter de le protéger et d'atténuer ses souffrances.

Quoiqu'il arrive, il ne l'oubliera pas. Il sait que je l'ai défendu comme j'ai défendu Verdun.

Messieurs les Juges, ma vie et ma liberté sont entre vos mains, mais mon honneur, c'est à la Patrie que je le confie.

Disposez de moi selon vos consciences. La mienne ne me reproche rien, car pendant une vie déjà longue, et parvenu par mon âge au seuil de la mort, j'affirme que je n'ai eu d'autre ambition que de servir la France.

TABLE DES MATIÈRES

Février 2020
Reconquista Press
www.reconquistapress.com